Das Paulusviertel in Halle

INHALT

Dieses Buch entstand mit der freundlichen Unterstützung der:

Eva Scherf wurde 1946 in Bernburg geboren. Ab 1965 in Halle Studium Germanistik, Romanistik; Promotion. Tätigkeit als wissenschaftliche Mitarbeiterin, danach Lehrerin und Medienpädagogin. Literaturwissenschaftliche, medienpädagogische und kulturgeschichtliche Publikationen. Im Hasenverlag erschienen von ihr „Hettstedt. Reichtum der Provinz – Städte in Mitteldeutschland“ (2013), „Aufstieg und Fall. Carl Wentzel und sein Agrarunternehmen” (2018) sowie (gemeinsam mit Heidi Ritter) „Glamour, Glanz, Geschwindigkeit? Die 20er Jahre in Halle“ (2006) und „Habe unbändig viel zu tun. Johann Christian Reil“ (2011).

DAS PAULUSVIERTEL IN HALLE

Vom Kaiserreich bis 2.0

Eva Scherf

HASENVERLAG HALLE/SAALE

2024

MITTELDEUTSCHE KULTURHISTORISCHE HEFTE

Nummer 44/45

Herausgeber
Peter Gerlach und Moritz Götze

AM 14. SEPTEMBER 1913...

flog das Luftschiff „Sachsen“ über Halle. Es war nicht das erste, das die Stadt überquerte, schon am 30. Mai 1909 war hier eines gesichtet worden. Diese Mal jedoch wurde der Zeppelin ein gesellschaftliches Großereignis. Tausende Hallenser waren auf den Beinen. Denn die „Sachsen“, vom Flugplatz Leipzig-Mockau kommend, landete auf der halleschen Rennbahn und startete dann zu einem Rundflug über die Stadt und ihre Umgebung, am Nachmittag flog sie nach Leipzig zurück. An Bord befand sich auch der 25-jährige Fotograf Paul Rabe, der zusammen mit einem Kompagnon das Fotogeschäft Ballin & Rabe am halleschen Hansaring betrieb. Aus etwa 200 Meter Höhe schoss er eine Serie von Luftbildern. Darunter jenes vom noch jungen Kaiserviertel – so wurde das Paulusviertel damals oft genannt.

Was erkennt man auf diesem Foto? Obwohl im Zentrum noch höchst unvollständig, ist die Radialstruktur des Viertels bereits deutlich ausgeprägt,

vor allem durch die bereits angelegten, aber noch nicht bebauten Straßen. Vom unteren Rand bis über die Bildmitte, über die Pauluskirche hinaus, verläuft eine der Hauptachsen des Viertels, die Victoria-Straße, die heute zwei Namen trägt: im unteren Teil Humboldtstraße, hinter der Kirche zieht sie sich dann als Maxim-Gorki-Straße weiter bis zum Thomas-Müntzer-Platz. Das helle Karree dahinter ist der Exerzierplatz der damaligen Reil-Kaserne. Ebenfalls unbebaut, aber bereits mit Bäumen bepflanzt ist die vom Rathenauplatz rechts oben abführende Albert-Schweitzer-Straße. Zusammen mit der heutigen Ossietzky-Straße, die im Foto von links unten zum Rathenauplatz führt und deren linke Seite bereits bebaut ist, bildet sie eine zweite bereits erkennbare Sichtachse. Verschattet am linken Bildrand ahnt man das mächtige Gebäude der einstigen Landwirtschaftskammer bzw. des späteren Regierungspräsidiums mit seinem dahinterliegenden Park. Der zweite Ring, die heutige Schleiermacherstraße, ist im Vordergrund links erst ansatzweise erkennbar.

Das Foto ist eine historische Momentaufnahme aus der Geschichte des Viertels, am Vorabend jenes Weltkrieges, den man später den Ersten nennen wird. Es macht neugierig auf das, was zuvor und das, was danach im Paulusviertel geschah: Wer hat es geplant und gebaut? Welche Rolle spielten dabei Otto Lohausen, der Maurermeister Friedrich Kuhnt oder Viktoria, die letzte deutsche Kaiserin? Wie war der Bauverlauf? Welche Menschen lebten hier und welche Geschäfte trieben sie? Was geschah den hier lebenden Juden während der NS-Herrschaft? Wie überlebte das Viertel die 40 DDR-Jahre?

Das sind einige der Fragen, die im Folgenden beantwortet werden. Gleichsam nebenbei werden am Beispiel des Paulusviertels nahezu anderthalb Jahrhundert Geschichte besichtigt. Wie immer in dieser Reihe des Hasenverlags spielen dabei Fotos als Dokumente eine wichtige Rolle. Blenden wir also auf in diesen seltsamen Zeitraum vom Kaiserreich bis zur Gegenwart.

Das Paulusviertel aus dem Zeppelin-Luftschiff „Sachsen"
am 14. September 1913

VORGESCHICHTE: STÖRUNGEN

Am Anfang gab es nichts als Äcker und meist sumpfige Wiesen, durchzogen von zwei Bächlein mit Teichen und Tümpeln. Das war die Faule Wietschke („faule Wiese“ in der ursprünglichen Bedeutung des Wortes), die später, bei den Planierungsarbeiten zum Bau des Paulusviertels, aufgefüllt wurde, aus Rache aber irgendwo im Untergrund weiterstört und bis heute für feuchte Stellen und Risse in manchen Häusern des Paulusviertels sorgt. Eine wellige Landschaft, die höchste Erhebung wurde Hasenberg genannt, man kann sich vorstellen, wie es zu dieser Benennung kam. 114 Meter hoch gehört er zusammen mit Galgenberg, Reilsberg, Giebichenstein und den Kröllwitzer Höhen zu jener Porphyrkuppenlandschaft, die sich vor 65 Millionen Jahren emporgehoben hat. So liegt das später hier gebaute Paulusviertel über dem Niveau der Alt- und Neustadt. Wie hoch, sieht man am besten, wenn man vom Kröllwitzer Ochsenberg hinüberschaut.

Im Unterschied zu anderen Porphyrkuppen gibt es vom Hasenberg keine historische Abbildung vor dem Baubeginn ringsherum. Warum auch? Die Gegend war einfach unattraktiv und dass sich Spaziergänger hierher ver-

Kinder an der alten Feldstraße, im Hintergrund der Hasenberg, 1899

Feldstraße mit der alten Abdeckerei im Hintergrund

irrten, unwahrscheinlich. Schultze-Galléra nennt sie *das ödeste Stück Land neben der sich entwickelnden Großstadt.* Nur zwei Wege gab es hier, aus der später die Ackerstraße und die Feldstraße wurden. Das war so weit außerhalb der Stadt, dass Julius Amberger um 1840 seine Abdeckerei hierher verlegte, weil der Roßplatz, wo er sein Gewerbe ursprünglich betrieben hatte, zunehmend als Markt genutzt wurde. Denn Abdeckerei war ein schmutziges, im wahrsten Sinne des Wortes anrüchiges Gewerbe, das mit einem Markt nicht zu vereinbaren war. Wer es ausführte, war seit Jahrhunderten gesellschaftlich verachtet. Obwohl der Schinder (so die alte Bezeichnung für den Abdecker) Wichtiges für die Gesellschaft leistete: Er war nämlich für die Beseitigung von verstorbenen, kranken oder altersschwachen Haustieren sowie herrenlosen Hunden zuständig, indem er sie abholte, unter Umständen tötete und das, was noch verwertbar war, Fell und Knochen beispielsweise, entweder der Weiterverarbeitung zu Leim, Knochenmehl, Seife usw. zuführte oder das auch selbst übernahm.

Das stank natürlich zum Himmel. Doch hier, am neuen Standort, störte das keinen, war doch der Herr Amberger mit seinem Kadavergeschäft zu-

Feldstraße, ursprüngliche Bebauung, um 1875 Bauarbeiten um 1890

nächst allein auf weiter Flur, ganz am Ende eines Feldwegs. Er blieb nicht lange allein hier, denn bald entdeckten auch andere „anrüchige" Geschäftsleute das Terrain als günstigen Produktionsstandort: die Teerschwelerei, Mineralöl- und Paraffin-Fabrik Schilling, später Billing, Damm & Co, die auch mächtig stank, wenn auch anders. Dann die Actienbierbrauerei, später die Eisenbahnschienenfabrik Hingst & Scheller, die Meyersche Dampfkessel- und Blechwarenfabrik, in den 1860er Jahren die Maschinenfabrik Vaaß & Littmann sowie die Kerosinfabrik Biermann & Co. Da war der einstige Feldweg, über den der Abdecker am Anfang zunächst noch die Tierkadaver transportieren musste, zur gepflasterten Feldstraße geworden. Auch Menschen hatten sich inzwischen hier angesiedelt. In etwa zwölf ein- bis dreistöckigen aneinandergebauten Häusern wohnten bis zu 500 Leute, die meist ihre Miete nicht zahlten und, wie Schultze-Galléra indigniert bemerkt, *oft unsauber, wenig gepflegt* waren und deren *halbnackte Kinder* auf der Straße spielten. Ein anonymer Autor schreibt 1906 über die Häuser: *fürchterliche Armutsquartiere inmitten eines öden und nunmehr völlig ver-*

seuchten Geländes … Das also war der sumpfige, stinkende, asoziale Urgrund, auf dem wenig später das noble Kaiserviertel erbaut wurde.

Als 1870 bekannt wurde, dass die Stadt hier bauen wollte, interessierten sich plötzlich ganz andere Leute für diese trostlose Gegend. Auf den Plan traten nun die Immobilienhaie, die die Grundstücke von den Eigentümern möglichst billig aufkauften. Auch die Fabrikbesitzer verkauften nach und nach ihre Grundstücke und zogen woanders hin. Nur die Abdeckerei blieb und verbreitete ihren Geruch, der sich bei Ostwind ins Unerträgliche steigerte, in das entstehende Kaiserviertel. Immer wieder beklagten sich die neuen Anwohner und taten sich 1895 schließlich mit 71 Haus- und Grundbesitzern zusammen, um eine Beschwerde beim Magistrat einzureichen, weil die Wohnungen nicht gelüftet und kaum noch verlassen werden könnten. Amberger aber blieb stur und die Sache kam vor Gericht. So musste die Stadt im Jahre 1900 die Abdeckerei für 30.000 Mark aufkaufen, um sie stilllegen zu können. Das war eine Menge Geld damals, genug für Amberger, eine neue Abdeckerei zwischen Kanenaer Weg und Leipziger Chaussee

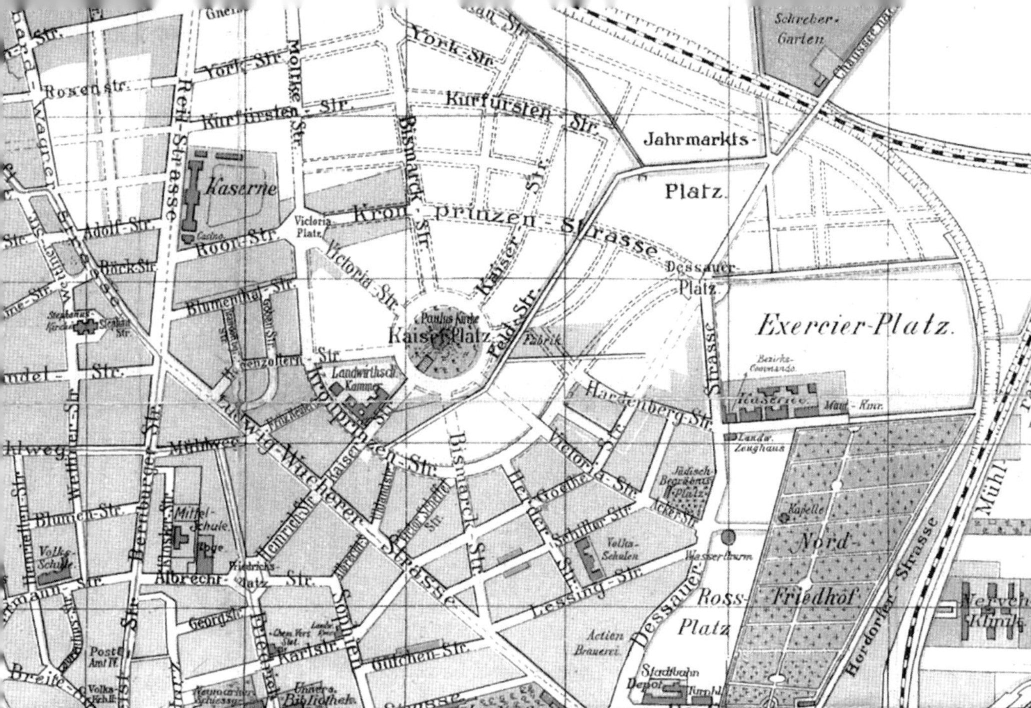

zu errichten. Die alte füllte sich später statt mit Kadavern mit lebenden Tieren: Sie wurde das erste Tierheim Halles – doch dazu später.

Auf dem halleschen Stadtplan von 1906 sind die beiden ursprünglichen Straßen noch eingetragen: die Ackerstraße, an der der jüdische Friedhof liegt; später wird sie ganz der Victoria-Straße zugeschlagen. Die Feldstraße ist auf jenem Plan noch komplett vorhanden. Da legt sie sich quer zur Planung, indem sie, von der bereits angelegten Kronprinzenstraße ausgehend, direkt am Kaiserplatz vorbei nach Nordosten verläuft und so die Radialstruktur des neuen Viertels torpediert. Erst in den 20er Jahren gelang es, sie mit Kaiser-, Kleist- und Bülowstraße, schließlich auch der Steffensstraße zu überbauen und damit auszulöschen.

Blick vom Hasenberg, Richtung Dessauer Straße, (heute Paracelsusstraße) um 1900

Auszug aus dem Stadtplan Stadtplan von 1906

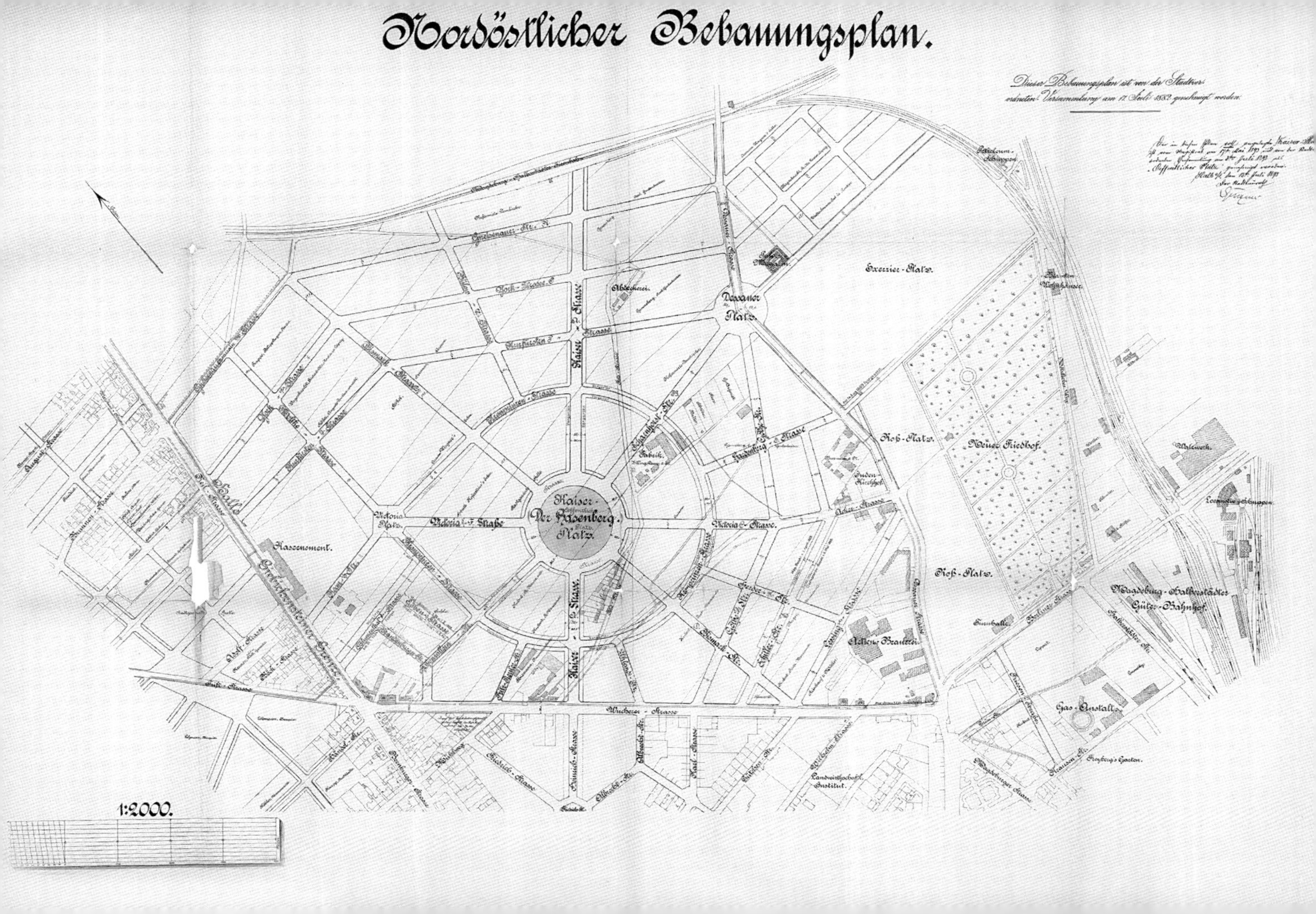

Nordöstlicher Bebauungsplan.
Dieser Bebauungsplan ist von der Stadtverordneten Versammlung am 17. Juli 1882 genehmigt worden.
Kaiser-Platz
Der Hasenberg
Kaiser-Strasse
Victoria-Platz
Victoria-Strasse
Dessauer Platz
Exercier-Platz
Ross-Platz
Neuer Friedhof
Kasernement
Magdeburg-Halberstädter Güter-Bahnhof
Gas-Anstalt
Wucherer-Strasse
Landwirthschaftl. Institut
Adolf-Strasse
Bach-Strasse
Heinrich-Strasse
Albrecht-Str.
Karl-Strasse
Friedrich-Strasse
Magdeburger Strasse
Turnhalle
Abdeckerei
Juden-Kirchhof
Adler-Strasse
Goethe-Str.
Schiller-Str.
Lessing-Strasse
Bismarck-Str.
Jäger-Platz
1:2000.

PLANUNG: CHARME AUS DEM REISSBRETT

Seitdem es existiert, gehört das Paulusviertel zu den beliebtesten Wohngegenden der Hallenser. Das liegt nicht nur an seiner Architektur. Gründerzeithäuser, ja ganze Straßenzüge, durchsetzt mit großzügigen Villen, gibt es auch anderswo in Halle reichlich. Die eigentliche Attraktivität des Viertels liegt in seiner Anlage: der Sternstruktur mit zwei Ringstraßen und einer hochgelegenen Kirche im Zentrum, auf die acht Straßen zulaufen. Das bewirkt, wenn man drin ist, ein mehrfach angenehmes Gefühl: das der Geschlossenheit, das immer auch mit einer gewissen Geborgenheit verbunden ist. Selbst der ahnungslose, kreuz und quer schlendernde Spaziergänger ist zwar gelegentlich irritiert, weil er wieder in derselben Ringstraße landet, die er gerade durchquert hat. Doch wirklich verlaufen kann er sich nicht, denn stets ragt irgendwo die Kirche als unübersehbarer Orientierungspunkt hervor. Bei aller Geborgenheit fühlt man sich dennoch nicht eingezwängt, denn die Straßen führen ja nicht nur als Sichtachsen auf die Kirche zu, sondern eben auch wieder hinaus – ins Offene.

Heute erscheint das Paulusviertel mehr denn je als das Gegenmodell zum modernen Städtebau, der mit dem Bauhaus begann und mit Halle-Neustadt noch längst nicht zu Ende war: rechtwinklig angelegte Wohnblocks an graden, breiten Straßen, in denen der Mensch sich ungeschützt, verloren fühlt, vor allem dann, wenn er um die Ecke des Blocks geht und in den nächsten Windkanal gerät. *Von diesen Städten wird bleiben: der durch sie / Hindurchging, der Wind!* prophezeite Brecht einst. Doch das Paulusviertel steht nicht nur im Gegensatz zur Stadtplanung der Gegenwart, sondern auch zu den Stadterweiterungen seiner Zeit, als der Wohnungsbedarf in den schnell wachsenden Städten durch lieblos angelegte Mietskasernen im Rasterschema behoben werden sollte. Gerade Halle hat mit Loests Hof im Süden der Stadt, zwischen Merseburger Straße, Schmied- und Schlosserstraße, ein Paradebeispiel für solcherart Planung. Dass fast zur selben Zeit mit dem Paulusviertel ein Gegenentwurf dazu entstand, gleicht einem kleinen Wunder und ist vor allem das Ergebnis zukunftsweisender Stadtplanung.

Erster Bebauungsplan 1882

Bereits nach 1815 hatte man in Halle damit begonnen, den mittelalterlichen Befestigungsring, der die Stadt einschnürte, abzutragen und diese Flächen in den 40er Jahren zu großzügigen Promenaden – Universitätsring, Hansering, Waisenhausring – ausgebaut. In dieser Zeit der beginnenden Industrialisierung war die Bevölkerung Halles von 15.000 Einwohnern im Jahre 1800 fünfzig Jahre später auf 34.000, also mehr als das Doppelte angestiegen. Braunkohle- und Zuckerindustrie sowie Maschinenbauunternehmen zogen vor allem Menschen aus dem ländlichen Umland nach Halle. So richtig in Fahrt – im wahrsten Sinne des Wortes – kam diese Entwicklung dann durch die Eisenbahn: Der Unternehmer, Kaufmann und Stadtrat Ludwig Wucherer erreichte es, dass die 1836 bis 1840 gebaute Eisenbahnlinie zwischen Magdeburg und Leipzig über Halle geführt wurde. In den kommenden vierzig Jahren gab es einen rasanten Bevölkerungsanstieg: 1880 lebten plötzlich 70.000 Menschen in der Stadt! Natürlich wurden sie zuerst da angesiedelt, wo auch die meisten Fabriken waren, also vornehmlich im Süden Halles diesseits und jenseits der Merseburger Straße. Aber das reichte natürlich nicht. Wohin mit all den anderen? Da also schlug die Stunde der Stadtplaner.

Otto Lohausen macht einen Plan

Der Auftakt für das Paulusviertel war eine Einladung an sechzehn Interessenten bzw. Grundstücksbesitzer, am 13. Juni 1879 zu Verhandlungen zusammen zu kommen über die *Feststellung eines Bebauungsplans zw. Feld-, Dessauer und Wucherer Straße*, also für den östlichen Teil des heutigen Paulusviertels. Unterschrieben war diese Einladung vom damaligen Stadtbaurat Schultz, doch der Mann, der die Planung dann in die Hand nahm, hieß Karl Otto Lohausen (1831–1921) und war von 1880 bis 1892 der Nachfolger von Schultz. Lohausen erarbeitete eine erste Gesamtplanung für die Stadt. Richard Rive, der spätere Oberbürgermeister von Halle, schreibt in seinen „Lebenserinnerungen" über ihn: Er *legte Straßen und Plätze an, führte ansehnliche Straßendurchbrüche aus, baute Gas- und Elektrizitätswerke, erweiterte die schon bestehende Grundwasserversorgung, ließ die Straßenbahn entstehen, errichtete den Schlacht- und Viehhof und schuf vieles andere, was*

großstädtische Bedürfnisse erforderte. Und Lohausen hatte vor allem eine Zukunftsvision: Bei seiner Gesamtplanung ging er von einer Verdopplung der Einwohnerzahl Halles aus, von 70.000 Einwohnern im Jahr 1881 auf 140.000. Für so viel Utopie wurde er hinter der Hand belächelt. Dass diese Zahl bereits um die Jahrhundertwende übertroffen werden würde, dürfte ihn dann wohl selbst überrascht haben.

Für das Paulusviertel hatte Lohausen am Reißbrett eine Synthese entworfen aus rundem Platz, Ringstraßen, Radialstraßen mit Sichtachsen und Rasterstruktur an den Rändern. Ziemlich früh stand für ihn fest, den Hasenberg, jene noch ziemlich unwirtliche Porphyrkuppe, zum Mittelpunkt des künftigen Viertels zu machen. So ergab es sich fast von selbst, rund um diesen Platz eine Ringstraße anzulegen, auf die acht Straßen sternförmig zuliefen. Und den inneren Kreis um eine zweite, äußere Ringstraße zu ergänzen. Sternplätze lagen im Trend: Ohne Zweifel hat sich Lohausen bei seiner Planung vom Baron Haussmann inspirieren lassen, der von 1853 bis 1870 aus dem mittelalterlichen Paris eine imperiale, elegante Weltmetropole gemacht hatte. Und damit stilprägend wurde für viele Architekten und

Feldstraße um 1903

Stadtplaner des 19. Jahrhunderts. Sieht man sich eine Luftaufnahme etwa der Place de L'Étoile (heute Place Charles-de-Gaulle) an, so erscheint sie wie das Groß-Modell für das Paulusviertel: ein zentraler runder Platz um ein monumentales Bauwerk herum, weitere Ringstraßen, durchschnitten von Radialstraßen als imposante Blickachsen, wodurch sich trapezförmige Häuserblocks ergeben. Natürlich ist Halle nicht Paris: Lohausen hat seine Planung runtergebrochen auf deutsch-hallesche Verhältnisse. Verkleinert also und ins Zentrum keinen Triumphbogen, sondern – ja, was? Dass es eine Kirche werden würde, war nicht von Anfang an klar. Es hätte auch der Wasserturm sein können, der später von Lohausens Nachfolger Ewald Genzmer am Dessauer Platz angelegt wurde, außerhalb des Paulusviertels. Die Idee, in der Mitte statt eines technischen Bauwerks doch lieber eine Kirche zu errichten, entsprach dem religiösen Bedürfnis der anwachsenden Stadt, zugleich dem hohen Stellenwert der Religion im deutschen Kaiserreich. „Kaiserviertel" hieß das neue Bebauungsgebiet auf den Plänen ab den 90er Jahren und entsprechend wurden die wichtigsten, noch unbebauten Straßen und Plätze benannt: Kaiser-Platz, Victoria-Straße, Kronprinzen-,

Roßplatz mit Wasserturm und Kaserne

Plan der Gewerbe- und Industrieausstellung 1881

Kurfürsten- und Bismarckstraße. Und im Zentrum, in erhöhter Lage die Kirche als stets sichtbarer Orientierungspunkt, auf den die Straßen zulaufen – so wird dieses Viertel zum vollendeten Ausdruck des jungen deutschen Kaiserreichs.

Lohausen und seine Mitarbeiter hatten eine Menge zu tun, denn neben dem „nordöstlichen Bebauungsplan“ (so stand es noch über den ersten Entwürfen für das Paulusviertel) gehörten auch die Bebauung um den Rannischen Platz im Süden, das sogenannte Friedrichsviertel diesseits und jenseits der heutigen Bebelstraße sowie das Mühlwegviertel zur Gesamtplanung. Viel Arbeit also für das knappe Jahr zwischen Lohausens Amtsantritt und der „Gewerbe- und Industrieausstellung zu Halle“, die am 1. Mai 1881, gegenüber den heutigen Kliniken in der Magdeburger Staße, eröffnet wurde und auf der Halle sich mit den neuen Plänen zur Stadterweiterung als moderne, zukunftsorientierte Stadt präsentieren wollte.

Situations-Plan
der Gewerbe- und Industrie-Ausstellung zu Halle a. d. S. 1881.

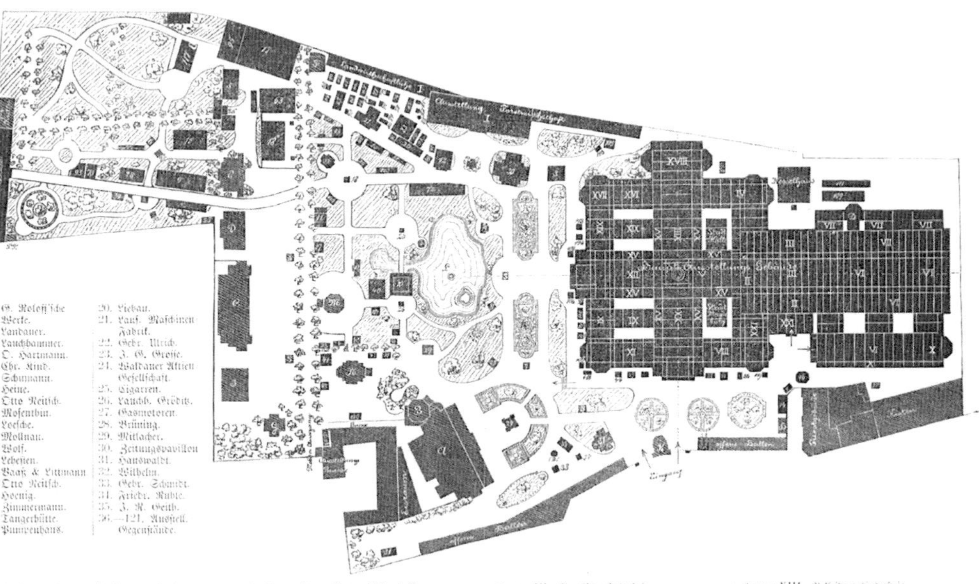

Friedrich Kuhnt mischt mit

Wie immer in solchen Fällen blieb es nicht bei der ursprünglichen Planung. Lohausens Entwurf für das Paulusviertel ist mehrmals überarbeitet und verändert worden, nicht nur von seinem Nachfolger Ewald Genzmer (1865–1932). Sondern vor allem von den Grundstücksbesitzern und Bauunternehmern, die ihre Chance gekommen sahen. Sobald sie von den Bebauungsplänen erfuhren, kauften sie auf, was noch billig zu haben war. Vergleicht man die Namen der fünfzehn Eigentümer, die vom Stadtbaurat am 13. Juni 1879 zu jener ersten Besprechung angeschrieben wurden, mit den Eigentümernamen, die auf dem Bebauungsplan 1882 eingetragen sind, finden sich nur vier Übereinstimmungen – alle anderen Grundstücke haben zwischenzeitlich den Besitzer gewechselt und das sind nun beispielsweise Zimmermeister Berger, Bauunternehmer Thiemann oder Maurermeister Kuhnt. Den Vogel abgeschossen hat der letzte. Friedrich Kuhnt (1836–1927) hatte schon 1877, während einer Sitzung der Allgemeinen Städtischen Feuerwehr, vom geplanten Bau des „Nordostviertels" gehört und war offenbar sofort losgezogen, um hier so viel Grund und Boden zu erwerben wie nur irgend möglich. Ihm gehörten 1882 nicht nur die meisten, sondern auch die lukrativsten Grundstücke: ein großer Teil des Hasenbergs und des Terrains rundherum.

Nach der Stunde der Planer schlug nun also die der Immobilienhaie. Denn die hatten sich nicht nur die Grundstücke gesichert, sondern auch Plätze in der Stadtverordnetenversammlung: 80% der Stadtverordneten waren Immobilienbesitzer und/oder Bauunternehmer. Und die mischten jetzt kräftig mit bei der Planung und dann auch beim Bau des Paulusviertels. Vor allem Kuhnt, der nicht nur Maurermeister war, sondern auch Bauunternehmer und sich bereits beim Bau des Wasserwerks Beesen im Süden von Halle einen guten Namen gemacht hatte. Manchen gilt er gar als eigentlicher Erbauer des Paulusviertels. Fakt ist: Die Akte „Nordöstlicher Bebauungsplan" im halleschen Stadtarchiv ist voll von Schreiben an und von Friedrich Kuhnt. Ein paar Beispiele: 1882 schlägt er eine zusätzliche Verbindungsstraße zwischen Reil- und der geplanten äußeren Ringstraße vor, die später auch wirklich gebaut wird und heute Adolf-von-Harnack-Straße heißt; im selben

 Max Liebermann: Herrenbildnis (Friedrich Kuhnt), 1910

Jahr fordert er für die geplante Kaiserstraße statt der im Plan eingezeichneten zwanzig Meter eine Breite von fünfundzwanzig (es bleibt dann doch bei zwanzig); 1902 wird auf sein Betreiben eine neue, die Ernst-Moritz-Arndt-Straße, in den Plan aufgenommen; 1906 verlangt er, die in der Goethestraße ursprünglich geplanten Vorgärten zu streichen, weil sie, so Kuhnt, hinderlich seien für den zu erwartenden starken Verkehr. Wo er auf Widerstand im Stadtrat stieß, suchte er sich mit juristischen Klagen durchzusetzen.

So knallhart er war, wenn es um die Durchsetzung seiner Interessen ging, so gern trat er zugleich als Stifter, Mäzen oder Förderer auf. Für den Ausbau der Ruine Moritzburg zu einer modernen städtischen Galerie beispielsweise spendete er 50.000 Mark. Obendrein ließ er sich von Max Liebermann porträtieren, um das Bild dann der Galerie zu schenken, damit die ihrer gerade erworbenen Sammlung von (bis dato weitgehend unbekannten) Expressionisten auch ein Bild des berühmtesten zeitgenössischen Malers hinzufügen konnte. Liebermann schrieb über sein Modell: *Herr Kuhnt ist ein liebenswürdiger und gutmütiger Mann, vielleicht mit einem Stich zur Eitelkeit, für die er ja jetzt schwer bezahlen muss. Ich habe mich sehr amüsiert, ihn zu malen, und ich hoffe, daß man das dem Bilde ansieht.* Wie hoch das Honorar Liebermanns war, ließ sich nicht ermitteln. Bedenkt man, dass die Honorare auch unbekannterer Künstler für ein Ganzkörperporträt damals um die 10.000 Mark lag, so ist in diesem Falle vielleicht sogar eine noch höhere Summe zu veranschlagen. Eine etwas zwiespältigere Rolle spielte Kuhnt als Hauptbesitzer des Hasenbergs. Angesichts seiner gelegentlichen Großzügigkeit hoffte die Stadt, er würde das Grundstück für den Bau der geplanten Kirche verschenken. Da hatte sie sich jedoch gewaltig geirrt: Kuhnt wollte für sein wertvollstes Grundstück so viel Geld haben, dass die Stadt erst einmal zurückschreckte, schließlich einen Landaustausch vorschlug, damit der Bau überhaupt in Angriff genommen werden konnte. Nach jahrelangem Hin und Her kam es zwischen beiden Seiten endlich zu einem entsprechendem-Vertrag, und zwar am 12. Juni 1903 – nur drei Monate vor der Kirchweihe!

Seine Umtriebigkeit und seinen Ehrgeiz hatte Kuhnt wohl vor allem seiner Herkunft zu verdanken: Im halleschen Armenviertel Glaucha geboren, kam er aus prekären sozialen Verhältnissen, sein Vater, so heißt es, sei Alkoholiker gewesen. Der Sohn hatte sich nicht nur zum Bauunternehmer hoch-

gearbeitet, sondern schließlich auch zum Miteigentümer von Fabriken und Gruben, Aufsichtsrat in mehreren Unternehmen, Freimaurer, Gründer und Mitglied mehrerer Vereine (z. B. des Technischen Vereins, des Vereins für Volkswohl, des Thüringisch-Sächsischen Vereins für Erdkunde). Kurz vor seinem Tod erfüllte sich Kuhnts sehnlichster Wunsch: Ihm wurde der Titel eines sächsisch-weimarischen Kommerzienrats verliehen. – Ohne Kuhnt, so viel ist anzunehmen, sähe das Paulusviertel heute anders aus.

Doch kehren wir zu Lohausens Plan von 1882 zurück. Vergleicht man ihn mit dem Grundriss des Viertels heute, so sieht man: Das Paulusviertel ist ein Torso geblieben. Der äußere Ring, die heutige Schleiermacherstraße, wurde nicht weitergebaut und endet im Osten als Sackgasse vor einer DDR-Neubauschule; im Norden wurde nicht weitergebaut. Das ist weniger den finanziellen Interessen der Immobilienbesitzer und Baufirmen geschuldet als vor allem den veränderten Zeitläuften, dem Ersten Weltkrieg mit seinen Nöten und Zwängen. Dennoch: Die von Otto Lohausen entworfene Grundstruktur ist bis heute erkennbar und macht den Charme des Viertels aus.

Abrissarbeiten in der Feldstraße um 1905

DIE BAUPHASEN

Nicht nur die Planung, auch die Bebauung des Paulusviertels weist Besonderheiten auf. Zum einen zog sie sich bis in die 1930er Jahre hin, also über einen vergleichsweise langen Zeitraum von fünfzig Jahren. Dadurch gibt es hier eine Vielfalt von Haustypen und architektonischen Stilen: gründerzeitliche Mietshäuser im Stil des Historismus mit neogotischen, Renaissance- oder barocken Fassadenelementen, großzügige mehrgeschossige Wohnhäuser mit Vorgarten, Villen, die stilistisch vom Historismus, Heimat- und Jugendstil bis zur Moderne reichen, sowie von Bauvereinen errichtete Kleinwohnanlagen. Manchmal weist auch ein und dieselbe Straße solche Brüche auf, die Herweghstraße zum Beispiel. Bereits 1890 standen hier fünf Häuser, kriegsbedingt stockte dann die Bebauung, ihr oberer Teil (nach der Einmündung Albert-Schweitzer-Straße) ist dann erst ab den 30er Jahren mit weiteren Villen bebaut worden. Bevor jedoch überhaupt der Häuserbau im Paulusviertel begann, wurden die Straßen angelegt, polizeilich benannt und kanalisiert. Danach erst wurde gebaut.

1880 bis zur Jahrhundertwende

Gottfried Riehm (1858–1928), ein Gymnasiallehrer, dessen Hobby die Fotografie war, hat Halle um die Wende vom 19. zum 20. Jahrhundert nahezu systematisch abfotografiert. Ihm verdanken wir nicht nur wertvolle Ansichten alter, heute teilweise verschwundener Straßen und Häuser der Stadt, sondern ebenso Fotografien des gerade entstehenden Paulusviertels. Das Baugeschehen rund um den Hasenberg hat er auf fast dreißig seiner fotografischen Platten festgehalten. Es sind durchweg unspektakuläre Bilder, auf denen vor allem eins zu sehen ist: Leere. Das ist der Tatsache geschuldet, dass Riehm meist vom Hasenberg aus in die verschiedenen Himmelsrichtungen fotografiert hat. Exemplarisch dafür ist der Blick vom Hasenberg gen Südosten: Hauptsächlich sieht man Wiese und ein Feld, Häuser nur im Hintergrund: in der Mitte den Eingang zur Herderstraße; der Häuserzug links und rechts davon ist die Goethestraße, teilweise sieht man die

Gottfried Riehm (1858–1928)

Rückfront der Häuser. Dahinter erheben sich von rechts nach links Schornsteine der zunächst noch vorhandenen Fabriken: den der Actienbrauerei, der Bürstenfabrik Otto Pöge & Co. sowie der Kerosinfarbik Biermann & Co. Interessant ist das über die gesamte Bildbreite reichende helle Band zwischen Vorder- und Hintergrund: Es ist die bereits angelegte, doch noch ganz unbebaute Schleiermacherstraße.

Das Foto ist nicht genau datiert, doch da die Häuser der Goethe- und Herderstraße größtenteils zwischen 1895 und 1898/1900 gebaut worden sind und – das ist nur bei Vergrößerung zu erkennen – auf dem Dach des links stehenden Hauses der Goethestraße noch Bauarbeiten im Gange sind, muss das Foto 1898 gemacht worden sein. Es zeigt somit eine Besonderheit in der Entstehung des Paulusviertels. Gebaut wurde nämlich von außen, von der Wucherer-Straße, nach innen, wobei der Raum im Inneren ab heutiger Schleiermacherstraße bis zum Hasenberg zunächst leer blieb.

Die ersten Häuserzeilen, die gebaut wurden, waren die der Schiller- und Lessingstraße. Das war 1885. In den 90er Jahren kamen dann die weiteren von der Wucherer-Straße abgehenden Häuser hinzu: die der Goethe-,

Blick vom Hasenberg gegen Süd-Ost, um 1890

Dr. Hoeninger Privat Anstalt, Schillerstraße, um 1900

Scheffel-, Uhland-, Fritz-Reuter- bis hin zur Adolf-von-Harnack-Straße. Auch die Gebäude in der heutigen Paracelsusstraße entstanden in den 90er Jahren. Das war die erste Phase. Gebaut wurde in einem für heutige Verhältnisse erstaunlichen Tempo: Innerhalb von nur drei Jahren war solch eine Häuserzeile fertig, bei manchen ging es noch schneller. Hochgezogen wurden drei- bis viergeschossige Mietshäuser, die vom Grundtyp her relativ einheitlich waren, so dass die Baufirmen auch keinen Architekten bemühen mussten, sondern sich bekannter Grundmuster bedienen konnten. Das galt auch für Fassadenelemente wie Giebel, Erker, Fensterformen, Schmuckelemente usw., die in so großer stilistischer Vielfalt machbar waren, dass sich die fertige Häuserzeile dann durchaus variantenreich präsentieren konnte. Auch für die soziale Durchmischung war von Anfang an gesorgt. Die Beletage wurde meist von Beamten, Kaufleuten oder Handwerkern bewohnt, in die preiswerteren Souterrain- oder Dachwohnungen zogen kleine Angestellte oder auch Arbeiter; noch billiger waren die Wohnungen in Hinterhäusern. In den Höfen gab es zudem Platz für gewerblich nutzbare Neben-

gebäude. Und natürlich war der Mietaufwand auch abhängig davon, ob es sich um Häuserzeilen ohne Grün, wie Lessing- oder Fritz-Reuter-Straße, handelte oder um Straßen mit Vorgärten (der untere Teil der Schillerstraße) bzw. mit einseitiger Baumbepflanzung (Goethestraße).

Die Wohnungen waren rasch belegt. Zumal ihr technischer Standard modern war, verglichen mit vielen Häusern in der Altstadt. Da es im gesamten Viertel Gas- und Wasseranschluss gab, konnte man hier also bereits mit Gasöfen kochen. Natürlich gab es in allen Häusern WC, in den vor der Jahrhundertwende erbauten war es manchmal ein sogenanntes Etagenklo auf halber Treppe. Doch die nach 1900 entstandenen Wohnungen hatten ein eigenes WC. Und in den noblen Stadthäusern und bei entsprechend hoher Miete gab es sogar Bad.

Wer Wohnungen baut, muss auch für Schulen sorgen, der Zeit gemäß getrennt nach Geschlechtern. Also eine Doppelschule mit separierten Häusern, ein Haus für Knaben, das andere für Mädchen. Beide Häuser waren aneinander gebaut, lagen jedoch in verschiedenen Straßen: das eine in der

Lessingstraße 13, das andere in der Schillerstraße 47. Auch die Höfe waren durch eine Mauer züchtig getrennt. Eröffnet wurde das Ganze 1888 als Volksschule Nr. VII. Heute ist hier das hallesche Konservatorium untergebracht.

Dass zunächst nur bis an die geplante äußere Ringstraße, die heutige Schleiermacherstraße, heran-, dann aber erst einmal nicht weitergebaut wurde, hatte mit der 1898 eingeführten Zonenbauordnung zu tun. Danach sollten die Häuser ab dieser Straße nur noch zwei Etagen (ohne Dachgeschoss) haben. Das aber erschien den Grundstücksbesitzern und Bauunternehmern finanziell zu riskant, weil die Wohnungen dadurch ungleich teurer als in der Randbebauung werden würden. So warteten sie ab, zumal sie ja selbst die Mehrheit in der Stadtverordnetenversammlung stellten und wussten: Es kommen bessere Zeiten. Und sie kamen – mit dem neuen Jahrhundert nämlich.

Am Victoria- (heute Thomas-Müntzer-) Platz um 1900

Am Hasenberg, Bau der Rundstraße, (heute Rathenauplatz), um 1900

Das neue Jahrhundert

Am Silvesterabend 1899 besetzte ein Trupp Artillerie mit schwerem Gerät den Hasenberg. Ihr Befehl: um Mitternacht, pünktlich zu Beginn des neuen Jahrhunderts, 100 Kanonenschüsse abzufeuern. Das war der martialische Willkommensgruß der Stadt Halle für das 20. Jahrhundert – man konnte noch nicht wissen, wie kriegerisch es dann tatsächlich werden würde. Immerhin bewiesen die Stadtoberen damit Gespür für die Zukunft. Und außerdem: Man hätte ja auch eine andere Erhebung in der Stadt für diesen symbolischen Akt finden können, aber der Hasenberg ist das Zentrum der erwarteten Zukunft, nämlich eines neuen Stadtviertels, das, kaiserlich gedacht, zugleich modern und vorwärtsweisend werden sollte. Auch wenn es im Moment nicht so richtig danach aussah.

Das änderte sich mit dem Beginn zweier großer öffentlicher Bauten, die nun, im Zeitraum von drei Jahren, fast gleichzeitig errichtet wurden: dem Verwaltungsgebäude der Landwirtschaftskammer der Provinz Sachsen in

der Kaiserstraße 7 und der Kirche direkt auf dem Hasenberg. Wenn man will, kann man das die zweite Phase der Bebauung nennen.

Monumental: Die Landwirtschaftskammer

Der Grundstein für den Verwaltungsbau wurde noch im alten Jahrhundert gelegt, im Oktober 1899. Keiner der damals Anwesenden hatte wohl eine Vorstellung davon, wie riesig das Gebäude nach seiner Fertigstellung drei Jahre später, also 1902, sein würde. Eine Postkarte aus dieser Zeit zeigt, wie monumental es im ansonsten noch leeren Zentrum des Viertels wirkte: ein mächtiger fünfgeschossiger Flügelbau, dessen einer Teil sich in die Willy-Lohmann- und dessen anderer Teil in die Schleiermacherstraße erstreckt. Seine Grundfläche beträgt mehr als 6.000 m^2 (die Nebengebäude nicht mit eingerechnet), an der Ecke ein Turm mit mächtiger Haube. Ein Bau im Stil der Neurenaissance, entworfen vom halleschen Architekten Friedrich Fahro (1857–1930). Das Grundstück selbst war doppelt so groß und gedacht für eventuelle Erweiterungsbauten, auch wenn es im 20. Jahrhundert

Blick auf den Hasenberg über die Ludwig-Wucherer-Straße, 1900

Die neu erbaute Landwirtschaftskammer in der Kaiserstraße, um 1905

dann Park blieb. Kein Verwaltungsneubau dieser Zeit in Halle war derartig monumental. So riesig ist das Gebäude, dass es 1946 als Regierungssitz des damals erstmals gegründeten Landes Sachsen-Anhalt dienen konnte, bevor dieses sechs Jahre später erstmal wieder aufgelöst wurde. Eine Gedenktafel am Gebäudeteil in der Willy-Lohmann-Straße erinnert an den ersten Präsidenten des Landtages Eberhard Hübener. Später waren dort der Rat des Bezirkes Halle und nach der Wende das Regierungspräsidium Halle untergebracht, heute ist es zu Wohnungen umgebaut. – Die Frage bleibt: Warum dachte man damals, beim Bau der Landwirtschaftskammer der Provinz Sachsen, in solchen Dimensionen? Hätte dafür nicht auch weniger Raum gereicht?

Im preußischen Sachsen gab es bereits seit 1842 einen sehr starken „Landwirtschaftlichen Central-Verein“ als berufsständische Organisation und Interessenvertreter der einheimischen Landwirtschaft. Durch große Agrarindustrielle wie Johann Gottfried Boltze (1802–1868) in Salzmünde war sie ein Motor auch der industriellen Entwicklung. Denn beispiels-

weise der Anbau und die Verarbeitung von Zuckerrüben, auf die Boltze sich spezialisiert hatte, erforderten die Entwicklung neuer Geräte und Maschinen. Und auch die agrarwissenschaftliche Forschung wurde durch den Central-Verein vorangetrieben, der eine Versuchsstation für Feldforschung gegründet hatte, die zunächst bei Boltze in Salzmünde angesiedelt und durch ihn unterstützt worden war. So gab es bereits bei der Gründung der Landwirtschaftskammer einen weit verzweigten Apparat zur Regelung land- und forstwirtschaftlicher Interessen: wissenschaftliche Einrichtungen, Abteilungen zur Beratung, Information, zur Fort- und Weiterbildung von Unternehmern und Beschäftigten in den verschiedenen Bereichen der Land- und Forstwirtschaft, Institutionen zur Prüfung, Verbesserung und Vermarktung land- und forstwirtschaftlicher Produkte, schließlich auch zur Veröffentlichung einschlägiger Schriften. So umfangreich war das Ganze, dass viele dieser unterstellten Einrichtungen oder Institute gar nicht mehr auf dem Gelände an der Kaiserstraße, sondern gleich woandershin gebaut wurden, wie etwa die Lehr- und Versuchsanstalt für Geflügelzucht in Kröllwitz oder die 1921 bis 1925 in der Victoria-

Wohnhaus des Präsidenten der Landwirtschaftskammere in der Kronprinzenstraße (heute Schleiermacher Staße)

Bank der Landwirtschaftlichen Zentralgenossenschaft, 2021

straße 13 errichtete Bank der Landwirtschaftlichen Zentralgenossenschaft, ein Bau des Architekten Hermann Frede, der durch vorgelagerte Säulen sowie ländliche Relieffiguren am Portal auffällt.

Auch die Versuchsstation des Landwirtschaftlichen Central-Vereins hatte längst außerhalb des Paulusviertels, in der heutigen Heinrich- und-Thomas-Mann-/Ecke Bebelstraße, ihr eigenes Institutsgebäude erhalten. Leiter dieses Instiuts war von 1871 bis zu seinem Tod im Jahr 1901 der Agrikulturchemiker Max Maercker. In seinen frühen Jahren hatte er ein Handbuch zur Spiritusfabrikation verfasst, eine Art Bibel fürs Brennereigewerbe. Seine eigentliche Forschungsleistung liegt jedoch auf dem Gebiet der Mineraldüngung. Er hat nachgewiesen, dass Kalisalze einen außerordentlich hohen Wert als Düngemittel besitzen. Die Landwirtschaftskammer würdigte seine Verdienste, indem sie ihm ein Denkmal stiftete, das vor dem Eckturm des Gebäudes aufgestellt und am 24.10.1905 eingeweiht wurde. Ein Ereignis natürlich: Die Herren mit Zylinder und Melone sind recht zahlreich erschienen. Leider regnet es. Die Mitarbeiter der Kammer haben es besser, sie sitzen im Trocknen und brauchen nur aus dem Fenster zu schauen. Das

Portal der 1925 erichteten Bank der Landwirtschaftlichen Zentralgenossenschaft

Einweihung des Denkmals für Max Maercker, 24.10.1905

Denkmal war teuer, aus einwandfreier Bronze gegossen. Deshalb wird es 1941, als der Krieg immer mehr Metall braucht, entfernt und eingeschmolzen – ganz unfeierlich.

Da war auch die Landwirtschaftskammer als Institution längst abgeschafft und vom gleichgeschalteten Reichsnährstand geschluckt worden.

Ein feste Burg: Die Pauluskirche

Gewaltig wirkt sie. Nicht nur vom Kröllwitzer Ochsenberg jenseits der Saale, sondern erst recht aus der Nähe. Wenn man die Pauluskirche auf dem Rathenauplatz umrundet, muss man den Kopf in den Nacken legen, um den Bau zu erfassen: Das Hauptstück ist der massige Turm in der Mitte, eingefasst von vier niedrigeren schlankeren Türmen. Längs- und Querhaus wirken kurz, wie angepappt, sie kreuzen sich im Turm, so dass man den Eindruck hat, die Kirche besteht vor allem aus ihm. Zentralbau nennt man das in der Architekturgeschichte, im Gegensatz zum Längsbau, der ein langes Kirchenschiff mit einem Turm am Ende hat. Im Fall Pauluskirche ist das Zentralbau-Modell so zugespitzt, dass der Hauptraum der Kirche unter dem Turm liegt, wie bei einer Moschee. Mächtig wirkt sie auch, weil sie auf der runden Kuppe des Hasenbergs steht: 60 Meter Kirche plus 110 Meter Hügelhöhe, das sind insgesamt 170 Meter. Ein Bau also ganz im Sinne von Luthers *Ein feste Burg ist unser Gott.* Und so steht es auch über dem Haupteingang. Architektonisch ist sie in ihrer bunten Mischung zwischen Romanik und Gotik durchaus umstritten, doch macht sie das im Auge des unvoreingenommenen Betrachters heute wett durch die parkähnliche Anlage ringsherum, hinter der die roten Backsteine der Kirche zu jeder Jahreszeit schön aussehen.

Natürlich hatte sich die Paulusgemeinde, 1895 gegründet und zunächst der Laurentiuskirche zugehörig, von Anfang an ein eigenes Gotteshaus gewünscht. Dass es auf dem Hasenberg stehen sollte, war ausgemacht. Die Sache hatte nur zwei Haken: Erstens gehörte der Berg größtenteils dem Bauunternehmer Friedrich Kuhnt und zweitens hatte man kein Geld. So war es keine schlechte Idee, zunächst einen Kirchenbauverein zu gründen, der beidem abhelfen sollte. Nachdem Kuhnt versichert hatte, dass er das Grundstück zur Errichtung eines Gotteshauses der Kirchengemeinde schenken würde, begann man, sich nach Spendern umzusehen. Als erste kamen natürlich der Kaiser respektive die Kaiserin Auguste Viktoria, zugleich Königin von Preußen, infrage. Sie stellte nicht nur *ein allerhöchstes Gnadengeschenk* von 25.000 Mark in Aussicht, sondern auch, dass sie die neue Kirche persönlich einweihen werde. Ja, die Kaiserin war so begeistert, dass sie den Hallensern gleich die weitere Planung der Sache aus der Hand nahm und ihrem Ministerium für öffentliche Arbeiten in Berlin übertrug. Das beauftragte seinen Baurat Richard Schultze mit dem Entwurf, auch die Bauausfertigung erfolgte unter Aufsicht des Ministeriums. Richard Schultze hat also bestimmt, dass es ein Zentralbau werden sollte, anders als die Kirchenneubauten um die Jahrhundertwende, auch die in Halle: St.-Norbert-, Johannes-, Stephanus- und Petruskirche. Sie entsprach zudem der protestantischen Tradition der Predigtkirche, die die Blick- und Hörrichtung der Versammelten auf den Verkündigungsort, die Kanzel, konzentriert. Aber eigentlich blieb Schultze gar nichts anderes übrig, denn für ein angemessen großes Kirchenschiff wäre auf dem engen Plateau des Hasenbergs ohnehin kein Platz gewesen. Und noch eine andere wichtige Entscheidung hat der Berliner Baurat getroffen: Es sollte eine Kirche in der Art norddeutscher Backsteingotik gebaut, also keine simplen Klinker verwendet werden (wie etwa bei der Kröllwitzer Petrus-Kirche), sondern großformatige rote Backsteine, wie sie für mittelalterliche Klöster üblich gewesen waren.

Das alles kostete insgesamt 343.000 Mark, sehr viel mehr, als von den Hallensern ursprünglich für ihre Kirche eingeplant. Dagegen nimmt sich das *allerhöchste Gnadengeschenk* Ihrer Majestät bescheiden aus, so dass der Kirchenbauverein rotieren muss, die restlichen 318.000 Mark zusammen zu bekommen. Aber es gab nicht nur viele, sondern auch weitaus großzügigere Spender als die Kaiserin. Zum Beispiel den Unternehmer Richard Riedel, Begründer der Halleschen Maschinenfabrik und Eisengießerei und Besitzer einer großen Villa im Advokatenweg. Zum Gedächtnis seiner verstorbenen Frau stiftete er 80.000 Mark – das waren nur 10.000 weniger, als er für seine eigene Villa ausgegeben hatte. Doch auch zusammen mit den vielen kleinen Spenden langte es nicht, zu guter Letzt musste die Paulusgemeinde bei der Sparkasse noch eine Anleihe von 90.000 aufnehmen.

Der erste Spatenstich erfolgte am 25. Juli 1900. Aber zunächst musste noch planiert und das Plateau des ziemlich buckligen Hasenberges begradigt werden. Dabei wurden vier Meter der Kuppe abgetragen, so dass der Berg statt 114 nur mehr 110 Meter hoch war. Am 22. Oktober konnte endlich die Grundsteinlegung erfolgen. Dann wuchs die Kirche zügig empor. Auch für ihre innere Ausgestaltung zeichneten zwei Berliner Maler

Ursprüngliche Ausstattung des Altarbereiches, um 1910

verantwortlich: August Oetken (der auch die Elisabethkemenate auf der Wartburg ausgemalt hat) und Wilhelm Feldmann. Es gab einen Blockaltar aus Sandstein mit einem marmornen Leuchteraufsatz und einem großen Kruzifix. All das wurde bei Renovierungsarbeiten 1972 entfernt, auch die Ausmalungen von Oetken und Feldmann sind bei der Gelegenheit übertüncht und erst bei der Restaurierung 2003 wieder angebracht worden. Für die gartenkünstlerische Ausgestaltung des Platzes wurde im Januar 1903 ein öffentlicher Wettbewerb ausgeschrieben, mit einem Preisgeld von 800 Mark. Gewonnen hat es der Kölner Stadtobergärtner Georg Günther mit seinem Entwurf. Vollständig realisiert war die Anlage dann allerdings erst im Mai 1904.

Da war die Kirche schon in Benutzung. Auguste Viktoria, die sie geweiht hatte, hat also die fertige Anlage des Platzes im englischen Parkstil gar nicht gesehen. Dafür umso mehr Pappkulissen, welche die Stadt zu Ehren des Kaiserbesuchs in Halle entlang der Strecke hatte aufbauen lassen. Doch zunächst: Wer war diese letzte deutsche Kaiserin überhaupt?

18.

Kaiserin Viktoria schenkt eine Bibel

Als Auguste Viktoria am 6. September 1903 zur Weihe der Pauluskirche kommt, ist sie 46 Jahre alt. Sie wirkt sympathisch: Grübchen im Kinn mit der Tendenz zum Doppelkinn, lange Perlenketten, dem Geschmack der Zeit entsprechend oft Wagenrad-Hut mit viel Blumen obendrauf. Dass sie mal deutsche Kaiserin werden würde, hatte sie sich nicht träumen lassen. Denn erstens war sie eher niederen Adels: eine geborene von Schleswig-Holstein-Sonderburg-Augustenburg mit einer bürgerlichen Urgroßmutter. Und zweitens war die Familie im deutsch-dänischen Krieg 1864 politisch kaltgestellt und Holstein von Preußen (ausgerechnet!) annektiert worden. Doch als sie dem preußischen Kronprinzen Wilhelm als Heiratskandidatin vorgestellt wird, lehnt er sie als einzige nicht ab. So wird die Heirat beider 1881 als Liebeshochzeit gefeiert und die kaiserliche Familie ist zufrieden, galt doch der Kronprinz wegen eines Geburtsfehlers (sein linker Arm war gelähmt und kürzer) als nicht leicht zu verheiraten. 1888 erfolgt die Krönung und damit wird Auguste Viktoria die letzte deutsche Kaiserin.

Bei Hofe gilt sie als naiv und Bismarck bezeichnet sie einmal als „holsteinische Kuh“ – sie gebiert sechs Söhne und eine Tochter. Da sie dauernd neue Kirchen einweiht – allein in Berlin und Umgebung sind es 75 – wird

Das Kaiserpaar 1907

sie von den Berlinern „Kirchenjuste“ genannt. Doch die Kirche liegt ihr tatsächlich am Herzen, nicht nur weil sie protestantisch-fromm erzogen worden ist. Sondern auch, weil ihr die soziale Not der Arbeiter nicht verborgen bleibt. Als junge Frau schreibt sie einmal: *Ich halte es für ungerecht, daß die armen Leute so wenig Resultate ihrer Arbeit sehen und genießen. Wie können wir Höhergestellten, wenngleich wir Sympathien für diese Frage haben, ihnen helfen? Ich meine, daß es unsere heilige Pflicht ist, nicht nur nach der eigenen Behaglichkeit zu streben, sondern das Glück anderer zu fördern.* Seelsorge tut not, und deshalb ist ihr der Bau neuer Kirchen so wichtig: Wenn die Kirche stark wäre, könnte sie den Armen mehr helfen und die kämen dann nicht auf die Idee, Revolution zu machen. So denkt die Kaiserin, und unermüdlich organisiert sie Geld für kirchliche Fürsorgeprojekte. Vor allem aber kümmert sie sich um neue Kirchenbauten, die sie dann einweihen und denen sie eine eigenhändig signierte Altarbibel schenken kann. So auch im Falle der Pauluskirche. Ihre silbern beschlagene Bibel trägt als majestätische Widmung einen Spruch aus den Römerbriefen: *Leben wir, so leben wir dem*

Herrn; sterben wir, so sterben wir dem Herrn. Darum: wir leben oder sterben, so sind wir des Herrn. In Betrieb genommen wird die Pauluskirche am 6. September 1903, 10 Uhr. Und das geht folgendermaßen vor sich: 9.45 Uhr biegt die zweispännige Kutsche mit Kaiserin, vom Bahnhof kommend, in die Kaiserstraße ein, ignoriert die zum Empfang auf beiden Seiten der Treppe aufgestellten weißgekleideten Mädchen (da hätte die Kaiserin ja eigenfüßig 62 Stufen hochsteigen müssen!) und fährt die gegenüberliegende Auffahrt hoch, direkt bis vors Hauptportal, wo die Ehegattinnen der halleschen Honoratioren der Majestät vorgestellt werden: *Frau Geheime Kommerzienrat Dehne, Frau Geheime Kommerzienrat Lehmann, Frau Geheime Kommerzienrat Riedel, Frau Kommerzienrat Steckner, Frau Bürgermeister von Holly, Frau Universitätskurator Geheime Regierungsrat Meier,* so werden die Damen genannt in einer Sonderausgabe der Halleschen Zeitung. Danach walten die Herren ihres Amtes: Begrüßung der Majestät durch Generalsuperintendent D. Holtzheuer, Regierungsbaumeister Schäfer reicht den auf ein Kissen gebetteten Kirchenschlüssel an Baurat Matz weiter, der ihn wiederum der Kaiserin überreicht mit der Bitte, *die Erschließung des Gotteshauses zu befehlen.* Sie gibt den Schlüssel an den Generalsuperintendenten, der ihn wiederum Pfarrer Bach reicht, damit der die Kirchentür endlich aufschließen kann. Das Ganze ist rein symbolisch, denn die Kirche ist bereits rammelvoll von Ehrengästen, die allesamt ohne Schlüssel reingekommen sind. Die Orgel orgelt, es wird gesungen, männlicherseits werden Reden und natürlich eine Predigt von Pfarrer Bach gehalten, dann wieder Orgel und Gesang. Nach einer Stunde fährt die Kutsche zurück zum Bahnhof, wo die Kaiserin ihren Gatten erwartet.

Denn nun kommt auch noch der Kaiser nach Halle! Und zwar mit seinem Salonzug von Merseburg, wo er dem großen Manöver seiner Truppen beigewohnt hat. Halle steht Kopf: Niemals zuvor hatte je ein deutscher Kaiser die Stadt betreten, nur als Kronprinz war Wilhelm schon mal hier gewesen. Seit seinem Amtsantritt im Jahr 1888 reiste Wilhelm II. zwar unermüdlich und hatte auch schon unbedeutendere Städte längst beehrt. Jetzt also endlich auch Halle. Die Stadt ist im Kaisertaumel, obwohl oder vielleicht auch weil der ganze Besuch nicht länger als eine Stunde dauert. Die Sympathie der Leute gehört allerdings weniger dem meist missmutigen Kaiser als viel

Festlich geschmückte Kaiserstraße am 6.9.1903

mehr Viktoria, die die Aura der fürsorglichen Landesmutter umweht. Bereits einen Tag zuvor, also am 5. September, hatte sie ein umfangreiches karitatives Programm in Halle absolviert und die Chirurgische Klinik, das Diakonissenhaus im Mühlweg, das Haus der Stadtmission am Weidenplan, das Marthahaus, die Franckeschen Stiftungen, die Kinderheil- und Pflegestätte in der Ludwigstraße sowie die Provinzial-Blindenanstalt besucht.

Die Hallenser konnten nicht wissen, dass der erste Besuch eines deutschen Kaiserpaares in der Stadt zugleich der letzte war und dass es 15 Jahre später sogar ganz aus sein würde mit der Monarchie in Deutschland. Die Kaiserin hatte sich geirrt: Das Volk machte doch lieber Revolution statt in die neuen Kirchen zu gehen. Im November 1918 musste Kaiser Wilhelm abdanken und Viktoria folgte ihm ins holländische Exil nach Haus Doorn. Dort starb sie 1921. Ihrem Wunsch, in Potsdam beigesetzt zu werden, entsprach die preußische Regierung, indem sie dafür den Antikentempel im Park Sanssouci freigab, der dann zum Mausoleum auch nachfolgender Hohenzollern wurde. Wie sehr die Deutschen dann doch nicht nur ihrer abgedankten Kaiserin, sondern ihrer Monarchie überhaupt nachtrauerten, zeigte die Bestat-

Kaiserstraße, um 1910

Trauerzug für die Kaiserin Auguste Viktoria am 19. April 1921 in Potsdam

tung Viktorias: 200.000 säumten die Straßen von Potsdam, 6.000 Offiziere standen Ehrenspalier und ihrem Sarg folgten Tausende, die in Deutschland Rang und Namen hatten. Es gibt darüber Filmaufnahmen, die man im Netz ansehen kann. Und da wird einem klar: Die Trauerfeier der deutschen Kaiserin, die einst die Pauluskirche weihte, wird 1921 zum großen Abgesang nicht nur auf das kaiserliche Deutschland, sondern auf eine ganze Epoche.

Übrigens verheiratete sich Wilhelm II. eineinhalb Jahre später erneut, mit einer gewissen Hermine Reuß ältere Linie, geboren in Greiz und 1945 in Roßla/Harz in russische Gefangenschaft geraten. Eine Kaiserin wurde aus ihr nicht mehr.

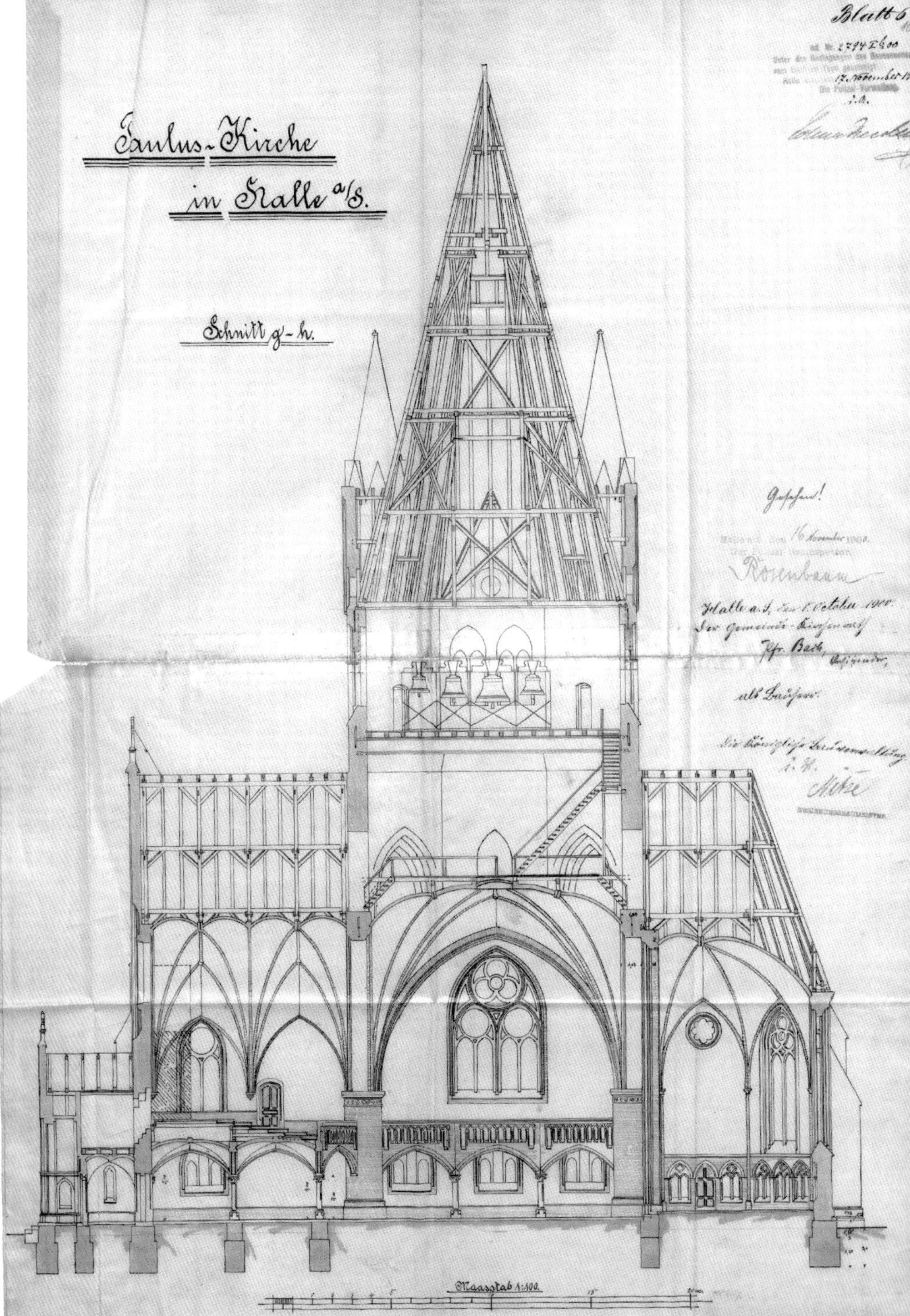
Paulus-Kirche
in Halle a/S.
Schnitt g-h.
Blatt 6
Gesehen!
Maasstab 1:100.

Auftritt der Architekten: 1905–1915

Mit der Einweihung der Kirche und der Gestaltung des Hasenbergs war das Paulusviertel gleichsam nobilitiert worden. Die Vorstellung, hier künftig zu wohnen, entweder im äußeren oder sogar im inneren Ring, war zweifellos reizvoll geworden, und es war klar, dass man dafür mehr Geld investieren musste als für eine Wohnung am Rand des Viertels. So dachte wohl manch einer der Herren, die in der neuen Landwirtschaftskammer ein und aus gingen und gleich daneben, in der Kronprinzenstraße einen vielleicht begehrlichen Blick auf die Villa des Präsidenten der Kammer warfen. Und so dachten wohl erst recht Kuhnt und Co., die bisher gezögert hatten mit der weiteren Bebauung. Jetzt aber, 1905, entstehen auch in der heutigen Schleiermacherstraße die ersten Wohnhäuser, zunächst vor allem die auf der rechten Seite (vom Müntzer-Platz aus gesehen). Damit beginnt die dritte Phase in der Bebauung des Viertels. Im Unterschied zu den 90er-Jahre-Bauten, die als Eckhäuser aus den Nebenstraßen bis an den Rand der Ringstraße reichen, handelt es sich nun um dreigeschossige schöne Jugendstilhäuser mit Balkonen. Auch sie werden schnell gebaut, schon zwei Jahre später ist die ganze Straßenseite fertig, um 1910 auch die gegenüberliegende Seite, so dass die gesamte Kronprinzenstraße zu diesem Zeitpunkt bis auf wenige Ausnahmen vollendet ist. Mit den Vorgärten und den Linden auf beiden Seiten und nicht zuletzt wegen ihrer eleganten Krümmung wirkte sie schon damals großzügig.

Und dann wird es im Paulusviertel wirklich vornehm. Ab 1911 nämlich, als es auch rund um den Kaiserplatz losgeht und die besten halleschen Architekten im Bau nobler Villen einander zu übertrumpfen suchen. Während bei den zuvor gebauten Häusern die Namen der Architekten unbekannt blieben, weil die ausführenden Bauunternehmer auf zwar variable, aber dennoch vorhandene Muster zurückgreifen und somit ihre eigenen Architekten sein konnten, sind die Häuser am Rathenauplatz meist von namhaften Architekturbüros entworfen worden. Etwa vom halleschen Architekturbüro Reinhold Knoch & Friedrich Kallmayer, das noch im alten Jahrhundert das neue Logenhaus auf dem Jägerberg (heute Leopoldina) erbaut hatte, die Villa Lehmann in der Burgstraße oder 1897 das markante Jugendstilhaus

Bauzeichnung zur Pauluskirche vom 17.11.1900

des Klavierbauers Balthasar Döll zwischen Großer und Kleiner Ulrichstraße. Für den Kaiser- bzw. Rathenauplatz entwarf das Architektenbüro die Häuser Nr. 1 bis 5, wobei allerdings der noch junge Architekt Julius Kallmeyer (1875–1945) federführend war, der Neffe von Friedrich Kallmeyer. Vor allem die drei mittleren, etwas zurückgesetzten zusammenhängenden Häuser im Landhausstil fallen auf, die 1911 fertig waren.

Beim Haus Nr. 3 war Julius Kallmeyer nicht nur Architekt, sondern zugleich auch Bauherr, der dann – so ein Familienmitglied – das äußerst *behagliche Erdgeschoss des neuen Hauses bezog.* 1923 gründete er mit seinem Kollegen Wilhelm Facilides (1882–1963) ein eigenes Büro. Zusammen entwarfen sie über achtzig Gebäude, u.a. das expressionistische Kaufhaus Schnee in der Brüderstraße oder – Ende der 20er Jahre – die Villa für den Rechtsanwalt Bernd Bennewiz in der heutigen Heinrich-Heine-Straße 6. Sie gilt bis heute als hervorragendes Beispiel für Neues Bauen, nicht nur äußerlich, sondern auch im Inneren, wo selbst Beleuchtungskörper und Türklinken von den Architekten designt worden waren.

Rathenauplatz 2–4, erbaut 1911.
Architekt Julius Kallmeyer

Die von Julius Kallmeyer und Wilhelm Facilides 1929
im Stil des Neuen Bauens errichtete
Villa in der Heinrich-Heine-Straße 6

1932 verkaufte Julius Kallmeyer sein Haus am Kaiserplatz und zog mit seiner Frau in die nahe gelegene Erdgeschosswohnung der Cecilienstraße 2 (heute Herweghstraße). Sein Büro befand sich jedoch weiterhin in der Magdeburger Straße, in der Nähe des Bahnhofs. Am 6. April 1945 gab es einen massiven alliierten Luftangriff auf Halle, der vor allem auch dem Bahnhof galt. Offenbar hatte Kallmeyer die Gefahr unterschätzt – jedenfalls war er nicht in den Luftschutzkeller gegangen. Das wurde ihm zum Verhängnis: Eine Bombe traf das Haus und tötete ihn.

Auch Paul Grempler war bis 1907 Mitarbeiter im Architektenbüro Knoch & Kallmeyer gewesen, hatte sich dann jedoch ebenfalls selbstständig gemacht. Zwischen 1912 und 1914 erbaute er am Kaiserplatz vier repräsentative Häuser, in denen sich Neoklassizismus und Jugendstil mischen: die Nr. 10, 11, 14 und 20, das letzte für sich selbst, hier befand sich auch sein Büro. Etwa zur selben Zeit entwarf er Wohnhäuser in der Mozartstraße sowie das Astoria-Kino am Moritzburgring, das als „Urania“ bis zum Ende der DDR das eleganteste und modernste Kino der Stadt blieb.

Und noch ein Architekt sei hier genannt: Gustav Wolff (1858–1930). 1908 hatte er mit dem Wiederaufbau des Goethe-Theaters in Bad Lauchstädt von sich reden gemacht. Für den vornehmen Kaiserplatz plante er gemeinsam mit seinem Kollegen Theodor Lehmann das Wohnhaus Nr. 9, das mit seinem steilen Dach und dem geschwungenen Giebel althallesche Bürgerhäuser zitiert. Kurz darauf entwarf Wolff die Stadtbibliothek am Hallmarkt, in den 20er Jahren dann die Haupttribüne der halleschen Galopprennbahn sowie (gemeinsam mit Wilhelm Ulrich) das Gebäude in der Willy-Lohmann-Straße 6a, die damalige Ruhegehaltskasse für Rechtsanwälte und Notare.

Und wer wohnte nun eigentlich in diesen schönen Villen rund um die Kirche, wenn nicht, wie im Fall Kallmeyer und Grempler, der Architekt selbst? In der Nr. 5 der Mediziner Prof. Dr. Emil Abderhalden, in der Nr. 9 waren es hohe hallesche Verwaltungsbeamte: der Oberberbergrat Friedrich Humperdink und Landgerichtsrat Max Behm mit ihren Familien. Zwei Häuser weiter, die Villa Nr. 11, bewohnte der Industrielle Dr. Konrad Piatscheck, Direktor der Ilse-Bergbau AG in Halle und Vorsitzender des Deut-

Willy-Lohmann-Straße 6a, erbaut 1925/26 im Stil des Neuen Bauens als ehemalige Ruhegehaltskasse für deutsche Rechtsanwälte und Notare. Architekten: Gustav Wolff und Wilhelm Ulrich

schen Braunkohlen-Industrie-Vereins. Und die schöne Villa Rathenauplatz Nr. 8/Ecke Albert-Schweitzer-Straße gehörte dem Frauenarzt Dr. Otto Kneise (1875–1953), einem Pionier der Urologie. Er hatte 1905 am Weidenplan eine Klinik (die damals noch Heilanstalt hieß) gegründet, die er dann über Jahrzehnte leitete. Durch ihn wurde Halle auch international zu einem Zentrum der urologischen Forschung.

Als 1914 der Krieg ausbricht, ist der Kaiserplatz fast vollständig bebaut, nur das Gemeindehaus der Kirche steht seit 1909 etwas abseits, in der Hohenzollernstraße. Im Paulusviertel insgesamt gibt es jedoch noch große Lücken, vor allem im Norden; die Zille- und Humboldtstraße sind bis zur Schleiermacherstraße noch nicht bebaut und auch der äußere Ring, die heutige Schleiermacherstraße, war noch längst nicht geschlossen. Das wird übrigens nie geschehen, denn es kommt einiges anders, als man jetzt noch denkt. Vorerst kann nicht weitergebaut werden, denn jetzt geht es erst einmal mit Hurra in den Krieg fürs Vaterland. Nicht nur die Füsiliere der Reil-Kaserne werden eingezogen, auch der Zeppelin, der noch ein Jahr zuvor so zivil über Halle geflogen war. Mit Kriegsbeginn wird er sofort von der Heeresleitung übernommen. Eingezogen werden auch Maurer, Dachdecker oder Tischler, die sich oft freiwillig melden für den Krieg. Sie glauben noch, dass er Weihnachten vorbei ist, und wissen nicht, dass sie erst in vier Jahren wieder zu Hause sein werden – wenn überhaupt. Wer hätte das auch gedacht am 18. Oktober 1914, als in der Pauluskirche, wie in vielen Kirchengemeinden in dieser Zeit, ein Bittgottesdienst abgehalten wird, mit Gebeten um Frieden. Ein Foto zeigt die vielen Menschen, die gekommen sind und in der Kir-

Füsilier des in der Reil-Kaserne stationierten Regiments, 1916

che selbst offenbar keinen Platz bekommen haben. Rechts vorn trägt ein Soldat den rechten Arm in der Schlinge – gehört er zu den ersten Verwundeten dieses Krieges? Am Ende, 1919, wird allein die Paulusgemeinde um 540 Gefallene trauern. Und auch die Kirche selbst kommt nicht ungeschoren davon. Als erstes wird das Kupferdach des Turms abmontiert und eingeschmolzen, dann die Prospektpfeifen der Orgel und zu guter Letzt müssen sogar noch drei der insgesamt vier Glocken dran glauben.

Doch nicht nur das. Krieg und Revolution hatten auch Folgen für das Paulusviertel insgesamt. In der vierten Phase der Bebauung haben die Immobilienhaie ausgespielt und ganz andere Akteure betreten nun das Terrain.

Die 20er und 30er Jahre: Im Zeichen der Bauvereine

Denn auch auf dem Wohnungsmarkt wehte nun ein ganz anderer Wind. Die neue Weimarer Republik hatte 1919 in ihre Verfassung ein paar bahnbrechende Grundrechte eingeschrieben, unter anderem das Recht auf Woh-

nung. Ziel sei es, heißt es da, *jedem Deutschen eine gesunde Wohnung* zu sichern. Das war eine gewaltige soziale Aufgabe, gab es doch um 1920 allein in Halle rund 12.000 Wohnungssuchende. Zu lösen war sie nur, indem der Staat in den Wohnungsmarkt eingriff und die Kommune nun selbst das Heft in die Hand nahm. Gleich nach dem Krieg wurde in Halle ein Wohnungsamt eingerichtet, das erstmals Leerstand und Wohnungsbedarf ermittelte und bei der Suche nach Wohnungen behilflich war. Damit nicht genug: 1922 wurde die „Kleinwohnungsbau Halle AG" gegründet, an der die Stadt zu 50% beteiligt war. Ihr Nachfolger ist die heutige HWG, Halles größtes Wohnungsunternehmen. Es war einer der Bauvereine, die damals wie Pilze aus dem Boden schossen und seit den 20er bis in die 30er hinein zum wichtigsten Träger des sozialen Wohnungsbaus wurden. Ihr Ziel war es, moderne Wohnungen zu erschwinglichen Preisen zu bauen, und zwar durch die finanzielle Beteiligung der Vereinsmitglieder. Also Kleinwohnungen mit zwei bis drei Zimmern, Küche und Bad.

Der erste Verein dieser Art hatte sich in Halle bereits 1911, also vor dem Krieg, gegründet. Es war der „Bauverein für Kleinwohnungen", der dann

Andrang zum Bittgottesdienst 18.10.1914 in der Kaiserstraße

Dittenbergerstraße 7, erbaut in den 1920er Jahren, Geschäftsstelle des Bauvereins für Kleinwohnungen. Architekt: Hermann Frede

im Verlauf der 20er Jahre zum größten seiner Art in ganz Deutschland aufstieg. Sein erstes Projekt verwirklichte er im Paulusviertel, wo es ja noch genug Bauflächen gab. Es war die 1912 fertiggestellte Wohnanlage in der Hegelstraße 75–77: dreigeschossige Häuser mit unterschiedlichen Giebeln und Erkern, angelegt um einen U-förmigen Hof, der zur Straße hin offen ist. Der Entwurf dafür stammt vom Architekten Gustav Röhm. Auch die Wohnungen selbst waren komfortabel: zwei bis drei Zimmer, Küche, Bad, WC sowie Speisekammer oder Speiseschrank. Außerdem hatte jede Wohnung Gasbeleuchtung sowie einen Balkon. Natürlich war der Andrang auf diese Wohnungen groß, obwohl die Mieten für einfache Arbeiterhaushalte kaum erschwinglich waren.

Das änderte sich erst in der Weimarer Republik. Die finanzielle Förderung des sozialen Wohnungsbaus geschah vor allem über die sogenannte Hauszinssteuer, mit der die Eigentümer von Immobilien belegt wurden. Denn da ihr Grundeigentum während der Hyperinflation 1923 nicht an Wert verloren hatte, waren sie als einzige glänzend durch die Krise gekom-

men. Allein durch diese Steuereinnahmen konnte man die Hälfte aller Wohnungsneubauten in Halle finanzieren. 1930 gab der Staat überdies noch einmal 100 Millionen Reichsmark für ein zusätzliches Wohnungsbauprogramm. So war es möglich, nun auch im Paulusviertel jede Menge Kleinwohnungen zu bauen, die selbst für den schmalen Geldbeutel erschwinglich und komfortabel zugleich waren.

Das beste Beispiel dafür ist der Reilshof am Rande des Paulusviertels, der 1936 fertiggestellt wurde. Er vereint mehrere Elemente der Reformarchitektur: Walmdächer, Backsteinsockel und -ornamente sowie Sprossenfenster, vor allem aber die gartenstadtmäßige Begrünung des Innenhofs. Dazu gehören auch die beiden Plastiken „Frau mit Katze" und „Harmonikaspieler" des halleschen Bildhauers Richard Horn. Entworfen hat den Reilshof Heinrich Faller (1895–1945), der u. a. auch die Siedlung Vogelweide konzipiert hat. Den Reilshof hat man 2008 bis 2014 denkmalgerecht saniert. Dabei wurden viele Wohnungen vergrößert, so dass es statt ursprünglich 205 Wohneinheiten nun 164 sind. Außerdem wurde aus der einst zwar in sich geschlossenen, aber öffentlich zugänglichen Wohnanlage nun eine ab-

Reilshof nach der Sanierung 2014

Harmonikaspieler, Plastik von Richard Horn (1898–1989)

geschlossene: Gegen die stark befahrene Wolfensteinstraße wurden Glaselemente gesetzt und die Zugänge von der Reil- und Fischer-von-Erlach-Straße durch Tore versperrt. Vielleicht verstärkt dies bei vielen Reilshof-Bewohnern das ohnehin ausgeprägte Sonderbewusstsein, nämlich dass sie aufgrund ihrer Randlage und Nähe zum Galgenberg eigentlich gar nicht richtig zum Paulusviertel gehören?

Was Heinrich Faller für die „Kleinwohnungsbau Halle AG", war für den bereits genannten „Bauverein für Kleinwohnungen" Walter Tutenberg (geb. 1886). Mit dem Unterschied, dass der als Wohnungsbauer weithin in Vergessenheit geraten ist, so sehr, dass man nicht einmal weiß, wo und wann er starb. Sicher ist lediglich, dass er seit 1924 in Halle wohnte und hier, in der heutigen Heinrich-Zille-Straße, eine Baufirma eröffnet hatte. Tutenberg verstand sich nicht als Architekt, sondern als Bauingenieur und Maurermeister, wie seine Geschäftsanzeige im Adressbuch von 1927 verrät. Obwohl er in der halleschen Denkmalschutzliste kein einziges Mal als Architekt genannt wird, hat er jede Menge Kleinwohnungen gebaut: im Paulusviertel etwa die große Wohnanlage zwischen Heinrich-Zille-, Humboldt- und Schleiermacherstraße, mit ihren steilen Giebeln und Tordurchfahrten. Auch die Häuser Nr. 2–20 am Ende der Humboldtstraße zum Rathenauplatz stammen von ihm. Das zeigt nicht nur die stilistische Ähnlichkeit mit seinen anderen Bauten, sondern auch die Inschrift im Portal der Nr. 18b. Errichtet wurden diese Häuser um 1935. Schon in den 20er Jahren hatte Tutenberg vermutlich auch das Wohngebäude in der Schleiermacherstraße 27/28 errichtet. Man erkennt das an seiner breitgelagerten, soliden, schlichten Form, die im Gegensatz zum Historismus auf regionale Traditionen zurückgreift. Hier,

Der Architekt Heinrich Faller (1895–1945)

Anzeige aus dem Branchenbuch von 1927

in der Nr. 27, hat Walter Tutenberg später auch gewohnt, bevor er Halle verließ. Vermutlich ist er nach Hamburg gezogen und dort in den 50ern verstorben.

Und dann wurde er doch noch berühmt! Nicht als Wohnungsbauer, sondern als Erbauer der Großgarage Süd, die 1929 an der halleschen Pfännerhöhe eröffnet worden war. 2019, zum 100-jährigen Jubiläum des Bauhauses, hat sich Halle seiner erinnert und ihn gewürdigt. Und in der Tat ist die – zum Jubiläum natürlich sanierte – Garage etwas Besonderes für die damalige Zeit, als es in Halle gerade mal rund 2.000 Autos gab. Ganz aus Beton, Stahl und Glas, hat das Gebäude drei Etagen und einen Aufzug, mit dem die Fahrzeuge in das gewünschte Stockwerk und dann über eine Schiebebühne in ihre jeweilige Stellbox transportiert werden. So etwas gab es damals nur noch in New York, Paris oder Berlin. Schade nur, dass es nicht im heute von Autos zugeparkten Paulusviertel steht!

Ein Parkhaus gibt es hier bis heute nicht. Dafür das Gegenteil, das in der ursprünglichen Planung auch nicht vorgesehen war, sie teilweise sogar

unterminiert hat: die Gartenvereine nämlich. Nach dem Ersten Weltkrieg, als es vor allem im Norden des Viertels noch viel Bauland, aber wenig zu essen gab, haben sie die Not der Stunde genutzt. Wusste man denn, wie und ob überhaupt es weitergehen würde mit dem noblen Kaiserviertel? So fand man sich gleich 1918 im Verein „An der Pauluskirche“ zusammen und pachtete Land, um Möhren, Erbsen oder Gurken zu ziehen. 1920 und 1921 folgten weitere: der Verein „Erholung“ sowie die „Gartenfreunde Albrecht-Dürer-Straße“, 1932 schließlich noch die Kleingartenanlage „Am Tierheim“. Damit war einer weiteren Bebauung des Nordens – im wahrsten Sinn des Wortes – der Boden entzogen und niemand wagte es später, den Kleingärtnern etwa ihre Parzellen zu kündigen.

Die in den 30er Jahren noch rege Bautätigkeit endete zu Beginn des Zweiten Weltkriegs. Damit war das Paulusviertel sozusagen fertig, später wurden nur noch Lücken bebaut. Das, was dann noch kam, waren die großen Verkehrstrassen der 60er Jahre, die das Paulusviertel im Nordosten abriegeln. Und es mit Lärm und Abgasen überfluten würden, gäbe es nicht dazwischen – die Schrebergärten!

 Postbote am Reilshof um 1940

Luftbild um 1913

Zelte & Buden-Verleih-Institut.
Restaurant zur Schiller
Glas-Schild.

LEBEN IM PAULUSVIERTEL

In seiner architektonischen Bürgerlichkeit war das Paulusviertel natürlich von jeher eine beliebte Wohnlage von Akademikern und ihren Familien – nicht nur von Architekten, wie wir gesehen haben, sondern ebenso von Professoren und Wissenschaftlern jeder Couleur, von Ärzten, Anwälten und anderen Juristen, von Ingenieuren, Beamten und Theologen.

Die ersten jedoch, die bereits da waren, als es das Paulusviertel noch gar nicht gab, waren die Soldaten. Für sie war 1881–1884 eine nagelneue Kaserne gebaut worden, an der Reilstraße, noch mitten im freien Feld. Die Soldaten gehörten zur 1. und 2. Kompanie des Füsilier-Regiment Nr. 36. Füsiliere waren leicht ausgerüstete Infanteristen (mit einem Gewehr – fusil), die Bezeichnung kam später aus der Mode. Ursprünglich geführt worden war das Regiment von Generalmajor Graf Blumenthal. Zu seinem 60jährigen Militärdienstjubiläum 1887 wurde ihm die Ehrenbürgerschaft der Stadt Halle verliehen und auch das Regiment wurde nach ihm benannt. 1891/92 erhielt es sogar eine zweite Kaserne an der Dessauer Straße, die so genannte Rossplatzkaserne, die außerhalb des Paulusviertels lag. Heute befindet sich dort das Gebäude der Deutschen Rentenversicherung.

Die Reil-Kaserne war ein mächtiger viergeschossiger Ziegelbau, der selbst nachdem hinter ihm das elegante Paulusviertel fertiggebaut war, alles andere als Charme versprühte. Und auch das Leben innerhalb der Kaserne war kein Zuckerschlecken für die Soldaten, es bestand hauptsächlich aus Drill. Dass die neu gebauten Häuser schnell an die Kaserne heranwuchsen, spielte für das Leben der Soldaten kaum eine Rolle; die Kaserne blieb eine abgeschlossene Insel am Rande des Paulusviertels. Hatten die Soldaten Ausgang, interessierten sie sich vermutlich eher für die Kneipen und Mädchen stadteinwärts. Das blieb so über alle Zeiten hinweg: Bis zum Ende der DDR wird die Kaserne militärischen Zwecken dienen und erst nach 1990 angenehm zivil: Umfassend saniert und um Neubauten ergänzt, ist sie heute die Agentur für Arbeit Halle.

Restaurant in der Schillerstraße, um 1920

Gutes tun

Dies ist offenbar eingeschrieben in die DNA des Paulusviertels, vielleicht hat es auch mit der Ausstrahlung der Kirche zu tun. Für Hilfsbereitschaft und Solidarität mit Schwächeren sorgen heute jede Menge Vereine oder Freundeskreise, die hier ansässig sind: für die Rehabilitation Behinderter, zur Förderung krebskranker Kinder, für solche mit Down-Syndrom, das IRIS-Familienzentrum, der Jugendförderverein Würfelpech, die Schülerhilfe usw. Und auch ganz privat: Nirgendwo sonst in Halle gab es während der Corona-Zeit so viele Aushänge in den Fenstern und an den Haustüren, mit Angeboten, gemeinsam zu singen, für Ältere einzukaufen oder auch zeitweise die Betreuung für Kinder zu übernehmen. – Das hat früh angefangen. Greifen wir ein paar Beispiele aus der Geschichte des Viertels heraus.

Blick von der Richard-Wagner-Straße zur Reilstraße, rechts im Bild die Reil-Kaserne, um 1900

Arbeiterwohnhäuser der Gebrüder Jentzsch in der Schopenhauerstraße, 2021

Die Kinderbewahranstalt Adelheidsruh

Begonnen hat es mit den Unternehmern Albert und Louis Jentzsch, zwei Brüder, die eine Färberei und Zeugdruckerei vor dem Kirchtor am Neuwerk besaßen. Wie alle tüchtigen Unternehmer ihrer Zeit wussten sie, dass soziale Leistungen für ihre Arbeiter (um die Jahrhundertwende waren es ca. 100) nicht nur Christenpflicht war, sondern sich letztlich auch auszahlte. So führten sie für ihre Beschäftigten eine Betriebskrankenkasse ein (das war keinesfalls selbstverständlich zu jener Zeit) und ließen um die Mitte der 1870er Jahre zwei Arbeiterwohnhäuser errichten, damals noch am nordöstlichen Rand der Stadt, später einverleibt in die Roonstraße. Wie die Kaserne sind auch diese beiden Häuser im Bebauungsplan von 1882 als vorhanden eingezeichnet. Keine schlichten Schnitterkasernen, wie sie zu jener Zeit für ländliche Wanderarbeiter schnell hochgezogen wurden: Mit ihren erkerähnlichen vorspringenden Seitengiebeln waren die Jentzschen Wohnhäuser schon äußerlich anspruchsvoller. Jeweils zehn Familien

wohnten darin, jede Wohnung bestand aus Stube, Kammer und Küche. Um zum Familienunterhalt beizutragen, verdingten sich die Frauen gern als Wäscherin oder Dienstbotin – doch wohin unterdes mit den kleineren Kindern? So richteten die Brüder Jentzsch in einem dieser Wohnhäuser eine Möglichkeit ein, die Kinder beaufsichtigen zu lassen, bis sie von ihren Müttern wieder abgeholt wurden. In der Sprache jener Zeit hieß das „Kinder-Bewahranstalt“ und weil die Frau von Albert Jentzsch, die dem Ganzen organisatorisch vorstand, Adelheid hieß, bekam die Jentzsche Anstalt den schönen Beinamen Adelheidsruh.

Im halleschen Adressbuch von 1892 werden insgesamt vier solcher Einrichtungen aufgeführt, doch Adelheidsruh heißt dort *Erste Kinder-Bewahranstalt*. So ist davon auszugehen, dass sie tatsächlich die erste in Halle überhaupt war. Als Albert Jentzsch 1881 starb, kamen das Grundstück und die beiden Familienhäuser an der Roonstraße an die Stadt mit der Verfügung des Verstorbenen, *die daselbst von ihm errichtete Kinderbewahranstalt für ewige Zeiten fortzugestalten*. So wurde 1884 die Stiftung „Jentzsch'sche Kinderbewahranstalt Adelheidsruh“ gegründet, immer noch geführt von Adelheid Jentzsch, doch unter Aufsicht eines Stiftungsvorstands. Und wer ist das laut Adressbuch 1892? Unser alter Hans-Dampf-in-allen-Gassen, Bauunternehmer Friedrich Kuhnt.

Nachdem auch die Witwe Jentzsch 1896 verstorben war, wurde das Stift von den Nachkommen der Familie gemeinsam mit der Stadt verwaltet. Es blieb dabei, dass hier sowohl kleinere als auch größere Kinder, die bereits in die Schule gekommen waren, „bewahrt“ wurden. Doch in seinem Statut war nun eine weitere Funktion festge-

Kind vor dem Denkmal für Max Maercker, Kaiserstraße/Ecke Kronprinzenstraße, um 1910

schrieben: Adelheidsruh sollte die Kinder nicht mehr nur beaufsichtigen, sondern ihnen auch Beschäftigung und Unterricht gewähren, *um dieselben sittlich, geistig und bürgerlich zu fördern und den Eltern die Erziehung zu erleichtern.* Das war im Sinne der zeitgenössischen Kindergartenpädagogik, die sich in der Nachfolge Friedrich Fröbels Ende des 19. Jahrhunderts herausbildete und mit der auch der Begriff „Kinderbewahranstalt" zunehmend aus der Mode kam.

1904 gab es in Halle bereits mehrere Kindergärten, die, im Gegensatz zu Adelheidsruh, allerdings rein privat betrieben wurden. Im Paulusviertel war Adelheidsruh immer noch der einzige Kindergarten bzw. Hort. 1911 wurden hier täglich 65 Kinder betreut. Dann aber kam der Krieg, das Gebäude wurde zwischenzeitlich zum Lazarett umfunktioniert. In den 20er Jahren, als die Bebauung des Viertels wieder einsetzte, wuchs auch die Anzahl der Kinder. Sofern sie nicht in Adelheidsruh betreut wurden, spielten sie in den Höfen oder auf der Straße. Das war nicht ganz ungefährlich, denn nicht nur die Zahl der Kinder, sondern auch der Verkehr hatte mittlerweile zugenommen. Und so kam die Stadt auf die Idee, im Garten der Stiftung einen öffentlichen Spielplatz für kleinere Kinder anzulegen, den ersten nicht nur im Viertel, sondern in Halle überhaupt, wo es bisher nur so etwas wie Bolzplätze für Größere gab. Mit der Begründung – so steht im Protokoll der Stadtverordnetensitzung vom 28. November 1927 – dass *der in der Nähe liegende Viktoriaplatz wegen seines starken Fuhrwerksverkehrs, der außerordentlichen Staubentwicklung und der dadurch bedingten Gefährlichkeit nicht in Frage kommen* könne für einen Spielplatz.

Für diesen Zweck überließ die Stiftung Adelheidsruh ihren Park von 3.000 Quadratmeter der Stadt. Aber die Jahre der Stiftung waren ohnehin gezählt. 1938 wurde sie als selbstständige Institution, wie so viele, aufgelöst und am Victoriaplatz ein neues Säuglings- und Kinderheim gebaut, „bombensicher", also mit Luftschutzraum und splitterhemmenden Türen und Fenstern. Und auch wenn es nun die Stiftung gar nicht mehr gab, behielt man für das neue Gebäude den alten Namen bei: Adelheidsruh. Der wurde erst 1976 aufgegeben: Zum Tag des DDR-Gesundheitswesens beschloss die Belegschaft, ihre Kindereinrichtung in der einstigen Roonstraße 4 umzubenennen in „Robert Koch". Nach 1990 wird das Gebäude Sitz verschiedener

Ämter, bis die Stadt den elegant-geschwungenen Heimatstil-Bau, entworfen übrigens vom einstigen Stadtbaurat Wilhelm Jost, an eine Leipziger Baufirma verkauft, die 2020 daraus Wohnungen macht. Die beiden Arbeiterwohnhäuser der Gebrüder Jentzsch stehen indes – ganz original versehen mit der Nummer 3 – immer noch im Garten von Adelheidsruh. An das hintere hat die Poli Reil angedockt, im vorderen befinden sich noch Praxen und ein Büro. Und auch den Spielplatz gibt es noch immer – zum Glück für das kinderreiche Paulusviertel.

Die Tierschützer

Kehren wir noch einmal in die Vorgeschichte zurück, zum Streit um die Abdeckerei, die, ursprünglich ganz einsam gelegen, ihren *widerlichen ekelhaften Geruch* (Schultze-Galléra) aus der Kadaververwertung bis in die Straßen des wachsenden Kaiserviertels hinein verbreitete. Um den Beschwerden ein Ende zu bereiten, hatte die Stadt Halle 1901 das Grundstück vom Abdecker Julius Amberger aufgekauft und wollte das Gebäude

Der Umbau des Säuglings- und Kinderheims Adelheidsruh zu Wohnungen, 2021

Bauzeichnung zum Tierasyl, Feldstraße 13, 1907

ursprünglich abreissen. Doch 1905 gibt es eine Wendung der Geschichte, die so überraschend wie naheliegend war. Der „Tierschutzverein für Halle und Umgebung“ beantragt nämlich, auf dem Gelände ein Tierasyl betreiben zu dürfen und fügt eine Bauzeichnung für ein zusätzliches Gebäude bei. Dabei ist vor allem an herrenlose Hunde gedacht. Statt sie einzufangen, zu töten und ihre Kadaver einer Verwertung zuzuführen, sollen sie nun also behütet werden – welch ein emotionaler Fortschritt! Die Stadt stimmt zu und spendiert noch eine Grube fürs Wirtschaftswasser.

Doch nicht nur auf das Hundewohl besinnt man sich nun, sondern auch aufs Wohl von Menschen, die ein Hundeleben führen – weil sie so arm sind, dass sie nicht mal eine Bleibe haben. Wanderarbeiter nannte man im Kaiserreich die umherziehenden Obdachlosen. Offenbar waren es so viele, dass Preußen 1907 ein Gesetz erließ, mit dem die Stadt- und Landkreise zur Errichtung von *Wanderarbeitsstätten* verpflichtet wurden. Dort sollen sie Herberge und auch ein bisschen Arbeit finden. Aber bloß nicht mitten in der Stadt! mögen die Verantwortlichen in Halle gedacht haben. Und dann:

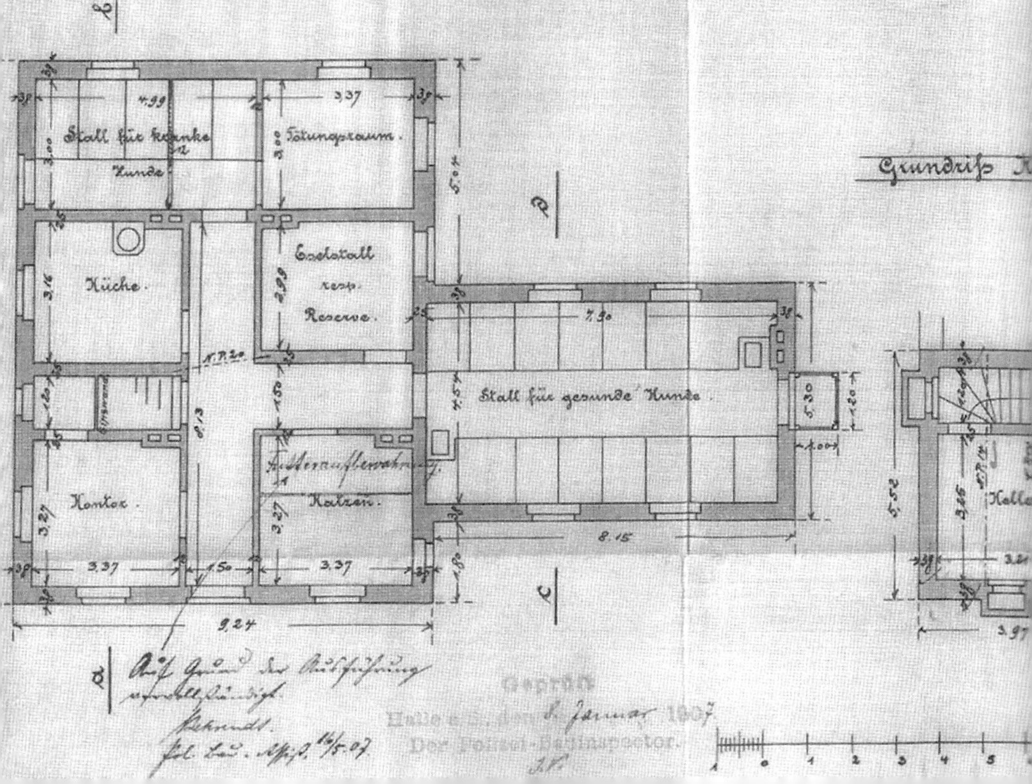

Hier schläft
Wiesner's
treuer u. artiger
* 10. Nov. 1906
Jino
† 28. Nov. 1913.
in
unvergeßlicher Erinnerung
an sein Herrchen u.
Frauchen.

Wo Platz für Tiere ist, ist auch noch welcher für Obdachlose. Und so wird 1911 gleich neben dem Tierasyl auch eine Baugenehmigung erteilt für die hallesche Wanderarbeitsstätte mit ein paar Räumen, einem Geräteschuppen sowie Aborten. Man darf sich das nicht pompös vorstellen: Im Grunde handelte es sich um einen besseren Schuppen in Fachwerkbauweise. Er ist immer noch erhalten und dient dem heutigen Tierheim zu Lagerzwecken.

Ob die Obdachlosen, die hier Unterkunft und Beschäftigung fanden, zufrieden waren mit den Bedingungen, darüber ließ sich kein Schriftstück im Stadtarchiv finden. Wohl aber Beschwerden von Tierfreunden. Zum Beispiel die von Frau Denicke aus der Reilstraße, selbst Mitglied des Tierschutzvereins. 1911 richtete sie einen langen Brief an den Magistrat, in dem sie angebliche Missstände im Tierasyl anprangert: Die als Pensionäre aufgenommenen Hunde würden leiden, den kranken und toten Hunden werde das Fell abgezogen und die Kadaver würden auf dem Grundstück verscharrt. Das erinnert an alte Abdecker-Zeiten und ist natürlich eines Tierasyls unwürdig. So kommen die Angeprangerten auf eine bessere Idee: Statt die toten Tiere einfach zu verscharren, erhalten Herrchen oder Frauchen nun die Gelegenheit, ihren Vierbeiner würdig zu bestatten, auf Wunsch mit Grabstein – gegen Gebühr natürlich. Daraufhin geht 1916 bei der Polizei eine Anzeige ein wegen eines illegal betriebenen Hundefriedhofs auf dem Gelände des Tierasyls und die Polizei findet dort tatsächlich eine Reihe von Hundegräbern, die sogar fotografisch dokumentiert werden. Im Polizeibericht heißt es dazu empört: *Zweifellos ist es nicht zu billigen, ganz besonders in der Kriegszeit, daß auf dem Gelände Hundekadaver beigesetzt werden.* Der Tierschutzverein rechtfertigt sich damit, dass dies so vom vorherigen Vorstand beschlossen worden sei, dem auch Stadtrat Dr. Pusch angehört habe, so dass man vom Einverständnis der Stadt ausgegangen sei. Im Übrigen gebe es auch in andern Städten Hundefriedhöfe, z. B. in Dresden, und auch Friedrich der Große habe in Sanssouci seinen Hunden (*Windspiele!*) Grabsteine gesetzt.

Doch für solch moderne Gedanken war die Stadt noch nicht reif, 1917 muss das Tierasyl die Hundegräber einebnen. Immer noch aber gab es viel Raum auf dem Gelände, erst recht, nachdem die Wanderarbeitsstätte offensichtlich aufgelöst worden war. So darf ab 1926 Bruno Hoidis einen Teil des

Hundegrab im Tierasyl, 1916

Geländes als Autoreparaturwerkstatt nutzen, diesmal unentgeltlich. Doch 1934 wird ihm gekündigt mit der Begründung, dass sich die Vorstandsvorsitzende Frau Dittmann in der Arbeit für den Tierschutzverein durch die Autowerkstatt gestört fühle. Vielleicht war dies nur ein Vorwand, um die Werkstatt und ihr Gelände vermieten zu können – an die SA. Doch will die SA die vertraglich festgesetzte Miete nicht zahlen, sondern den Maschinenschuppen für umsonst haben. Da aber macht die Stadt nicht mit und verfügt die Räumung des Gebäudes. Stattdessen vermietet sie es 1935 an die HJ, die zwar pünktlich zahlt, dafür alles kaputtschlägt. In der Tierheim-Akte gibt es einen Bericht der Straßenreinigung von 1938 über den skandalösen Zustand der Räume: das Schloss sei abgerissen, die Scheiben zertrümmert, man habe den *Eindruck eines verlassenen Zigeunerlagers* und des *vandalenhaften Verhaltens*. Das hört erst 1945 auf, nicht nur mit der Hitlerjugend, sondern überhaupt. Vorübergehend bezieht die Antifaschistische Jugend die Räume, ab 1946 wird der Schuppen wieder als Lager genutzt.

Das Tierheim indessen hat alles überstanden, auch die finsteren Jahre. 1970 erhielt es Anbauten für neue Tiergehege, die nach 1990 ergänzt und modernisiert wurden, auch die Außenanlagen. Inzwischen werden hier nicht nur Hunde und Katzen abgegeben, sondern auch andere Tierarten. Zum Beispiel das Zebrafinken-Paar Hellmut und Roswitha, das, so die Tierheim-Leiterin, im Dezember 2020 auf der Straße einfach abgestellt worden waren. Ob sich noch ein Vogelfreund fand, der Hellmut und Roswitha zu sich nahm? Im Tierheim jedenfalls ging es ihnen gut.

Tierasyl des Tierschutzvereins Halle

Feldstrasse 13 **Fernsprecher 23818**

Aufnahme von Hunden und Katzen in Pension
Aufnahme von Findlingen / Schmerzloses Töten
Sachgemässes Scheren (Bubikopf) und Baden

Tierärztliche Sprechstunde nachmittags 3 Uhr
Geöffnet im Sommer 7–7, im Winter 8–6 Uhr

Leitung: Dr. Baumeier, Tierarzt des Zool. Gartens

Anzeige aus der Broschüre
„25 Jahre Zoologischer Garten Halle a. d. Saale", 1926

Getränketransport,
um 1925

Die Guttempler

Alkoholismus ist eine Volkskrankheit, deren soziale Bedeutung niemand unterschätzen sollte. Daher ist die Fürsorge an Alkoholkranken eine soziale Pflicht und die Heilung von Alkoholschäden und ihre Verhütung die Aufgabe jeder Fürsorgestelle. So heißt es in einem 1931 verfassten Bericht der halleschen Guttempler. Die Guttempler waren eine Bewegung, die Mitte des 19. Jahrhunderts von den Vereinigten Staaten nach Europa übergeschwappt war und 1889 auch Deutschland erreicht hatte. Ihr Ziel ist hochgesteckt: Der Orden, so heißt es 1906 in der Zeitschrift „Der deutsche Guttempler", *ist errichtet auf dem Grundsatz der praktischen Menschenliebe und der Gerechtigkeit. Er will für seinen Teil mitarbeiten an der sittlichen und intellektuellen Fortentwicklung des Menschengeschlechts. Er hält es daher für seine vornehmste Aufgabe, den Kampf gegen den Alkoholismus zu führen, weil dieser der Quell zahlloser Leiden ist. Demgemäß verpflichtet sich jeder Guttempler zur lebenslänglichen Enthaltsamkeit von allen alkoholischen Getränken.*

Die Guttempler waren nicht die einzige Abstinenzbewegung dieser Zeit, aber von allen einschlägigen die stärkste. Dass es überhaupt so etwas gab, hat weniger mit dem Alkoholmissbrauch selbst zu tun: Zwar wurden im Jahr 1900 in Deutschland pro Kopf 108 Liter Bier getrunken, doch war das nicht so sehr viel mehr als heute (2018 lag der Pro-Kopf-Verbrauch bei 102 Liter). Neu waren damals wissenschaftliche Untersuchungen über die gesundheitlichen Schäden des Alkohols, die in Zeitschriften wie „Die Alkoholfrage. Vierteljahrsschrift zur Erforschung der Wirkungen des Alkohols" publiziert wurden. Das rief vor allem auch Schulverantwortliche auf den Plan. Denn im Alltag galt Bier aufgrund seines relativ hohen Nährwerts immer noch als eine Art Grundnahrungsmittel, das auch Kindern verabreicht wurde, zumal das Angebot an anderen Getränken klein war. So hatte man bei den Guttemplern auch einen Zweig für die Arbeit mit Kindern und Jugendlichen, die Jugendlogen, von denen es in Deutschland bereits 1910 sechsundfünfzig mit insgesamt ca. 2.500 Mitgliedern gab.

In Halle trug die Jugendloge der Guttempler den Namen „Fröhliche Saale" und existierte von 1910 bis 1935. Und zwar in der Bismarckstraße 1,

Zimmer der Jugendloge Fröhliche Saale, um 1920. Die Klampfe an der Wand verrät die Nähe zur Wandervogelbewegung.

Kinder am Hasenberg, um 1900

also in dem Haus zwischen Lessing- und Schillerstraße, das die Guttempler 1925 samt Grundstück auch kauften. Unter ihrer Leitung entstand 1927 die hallesche Fürsorgestelle für Alkoholkranke. Genau das ist der Grund für den Zulauf zu den Guttemplern: Im Gegensatz zu früheren Bemühungen vertraten sie nicht die Auffassung, dass Alkoholiker minderwertige, lasterhafte Menschen seien, sondern Kranke. So fungierte das Haus in der Bismarckstraße als Treffpunkt für Jugendliche, Versammlungsstätte für einschlägige Vorträge und Lehrgänge sowie als Fürsorge- und Beratungsstelle für Trinker und Gefährdete überhaupt. 1927 wurde hier wöchentlich zweimal Sprechstunden abgehalten, in denen man auch versuchte, den meist arbeitslosen Alkoholkranken wenigstens aushilfsweise Arbeit zu verschaffen. Denn in einer geregelten Arbeit sahen die Guttempler eine Chance auf Heilung. Das erhofften sie sich auch von regelmäßigen Besuchen bei den Trinkern: Einer der Helfer, so heißt es in ihrem Bericht, besuchte einen Alkoholiker in einem dreiviertel Jahr sogar 62 Mal, und das ehrenamtlich! Und in 59 Fällen habe man eine Besserung oder sogar Heilung erzielen

können. Um den Erfolg ihrer Arbeit deutlich zu machen, führt der Bericht das Beispiel zweier Kraftwagenfahrer an, die sich vom Alkoholismus hätten lossagen können, nachdem sie mit dem Abstinenzversprechen in den Guttemplerorden eingetreten waren. So hätten sie den bereits entzogenen Führerschein wiedererlangt.

Bereits vor dem Ersten Weltkrieg beschäftigte sich auch die hallesche Schulbehörde mit dem Alkoholproblem. Ab 1912 und bis in die Mitte der 20er Jahre hinein wurde an Eltern, die ihre Kinder zur Schule anmeldeten, ein Aufklärungsblatt verteilt mit der Aufforderung, ihren Sprößlingen keine alkoholischen Getränke zu verabreichen. 1927 eröffnete Regierungspräsident Grützner im Haus der Jugendloge „Fröhliche Saale" einen dreitägigen Lehrgang zum Thema „Erziehung und Alkohol". Und 1928 ging beim halleschen Magistrat der „Entwurf eines Stoffverteilungsplans für den Nüchternheitsunterricht in deutschen Volksschulen" ein, der aus Bielefeld stammte und den das dortige „Dezernat für Nüchternheitsunterricht" erarbeitet hatte. Ob nach diesem Plan auch in Halle unterrichtet wurde, ist nicht überliefert.

Das Tholucksche Konvikt

Es war ein Wohnheim für mittellose Theologiestudenten, dieses Konvikt, das sich von 1899 bis 1937 in der Cecilienstraße 8 befand, doch zugleich war es weit mehr als das. Nämlich ein Studienhaus, in dem die jungen Männer nach den Grundsätzen des Evangeliums zusammen lebten, lernten und seelsorgerische Unterstützung erfuhren. Und dies unter vergleichsweise luxuriösen Bedingungen: Nie mehr als vierzehn Studenten wohnten hier, jeder hatte zwei private Räume zur Verfügung: einen Schlaf- und einen Arbeitsraum; zudem wurde das Haus von einem Hausmeister, zwei weiblichen Hilfskräften und einer Hausdame betreut. Keine Not sollte den Einzelnen drücken. Vielmehr sollte er frei sein für die volle Hingabe an die Gemeinschaft, an seine theologisch-christliche Bildung und Selbstbildung.

So war es bestimmt worden von Friedrich August Gottreu Tholuck (1799–1877), dem Anreger zu dieser Einrichtung. 1826 war er zum Ordinarius an die Theologische Fakultät Halle berufen worden. Doch unter welchen Umständen! Nämlich gegen das einhellige Votum der Fakultät. Denn Tholuck war zwar ein ausgezeichneter Philologe, der angeblich 19 Sprachen in Wort und Schrift beherrschte, als Theologe aber stand er in der Tradition der herrnhutisch geprägten Erweckungsbewegung, die einen gefühlsmäßigen Zugang zum Christentum predigte und damit im schärfsten Gegensatz stand zu den durch und durch rationalistischen halleschen Theologen. Dass Tholuck gegen den Widerstand der Fakultät zum Ordinarius berufen wurde, war der Wunsch des preußischen Königs, der mit dieser Berufung die übergroße Dominanz

Das Tholucksche Konvikt in der heutigen Herweghstraße 8, 1930

Friedrich August Gottreu Tholuck (1799–1877)

der Rationalisten in Halle brechen wollte, ihn später auch zum Universitätsprediger und 1840 sogar zum Dekan der Theologischen Fakultät ernannte. Das befeuerte eher die Angriffe seiner Gegner, die Tholuck fehlende Präzision, Kritikunfähigkeit und Willkür in der Methode vorwarfen; der Tübinger Theologe Johann Christian Baur nannte eine der Tholuckschen Schriften gar ein *Meisterstück wissenschaftlicher Charlatanerie.* Die Studenten hingegen kamen in Scharen zu seinen Vorlesungen, fast 300 sollen es nach dem Zeugnis seines Biografen und einstigen Schülers Leopold Witte manchmal gewesen sein. Und dies, obwohl Tholuck starken Stimmungsschwankungen unterworfen gewesen sei und sich mehrfach mit Suizidgedanken getragen habe. Doch im Umgang mit den Studenten entwickelte er Charme und wirkte inspirierend für viele. Zur Legende wurde das Tholucksche Sofa, auf dem er ausführliche Gespräche mit ihnen führte. Einer dieser Studenten war Friedrich Conrad Dietrich Wyneken (1810–1876), der später in die USA auswanderte und dort als Missionar und Prediger eine wichtige Rolle spielte für die Entwicklung der evangelikalen Bewegung.

Tholucks Wunsch, neben dem Schlesischen Konvikt, das es bereits in Halle gab und an dem er mitarbeitete, ein eigenes Konvikt zu gründen, scheiterte zunächst an den fehlenden finanziellen Mitteln. Erst 1871 kam es dazu, nicht zuletzt durch die Initiative seiner Frau Mathilde, die Spenden sammelte und ein Haus in der Mittelstraße, in unmittelbarer Nachbarschaft der Tholucks, anmietete. So konnte das Konvikt tatsächlich noch zu Lebzeiten Tholucks 1871 eröffnet werden. Nach dem Tod auch seiner Frau blieb so viel Geld übrig, dass Ende des Jahrhunderts eine Stiftung gegründet und sogar ein neues repräsentatives Haus im Paulusviertel bezogen werden konnte. Da lebte der Herr Professor schon längst nicht mehr. Am Ende seines Lebens zeigte er zunehmende Anzeichen von Demenz und die Zahl seiner Studenten verringerte sich rapide; 1874 fand sich nur noch ein einziger zur Vorlesung ein und als er am 10. Juni 1875 den letzten Versuch machte, seine Vorlesung zu halten, waren, so berichtet sein Biograf, die Bänke ganz leer.

Das neue Konvikt war eines der ersten Gebäude in der damals noch ziemlich leeren Cecilienstraße, das kann man auf einem der Fotos erkennen. Zu

Arbeitszimmer Tholucks
in der Mittelstraße in Halle, um 1850

Insassen des Konvikts, 1919

seinen Besonderheiten zählten auch tägliche Morgenandachten und Lektüre unter Anleitung des Inspektors. Ob die Insassen dadurch besser konditioniert waren als andere für ihr späteres theologisches Amt, darüber gibt es keine Zeugnisse. Ansonsten waren es ganz normale Studenten, wie das Foto von der Weihnachtsfeier des Konvikts im Jahre 1919 zeigt. Auf ihm sind die Insassen zusammen mit ihren Lehrern bzw. Betreuern zu sehen, immerhin auch die Hausdame, die, umringt von lauter Männern, etwas misstrauisch blickt. Einer von ihnen trägt noch Uniform. Das erinnert daran, dass Kaiser und Kirche auch während des Krieges eng miteinander verbunden waren und evangelische Christen ebenso wie fast alle anderen jungen Männer in großer nationaler Euphorie ins Feld gezogen waren.

Nach 1933 gestaltete sich das Verhälnis zwischen Kirche und Staat zunehmend schwieriger, auch für das Tholucksche Konvikt, es gab Versuche, seine bekenntnishafte Ausprägung und thematische Arbeit zurückzudrängen und 1937 wurden sowohl das Tholucksche als auch die anderen halleschen Konvikte gleichgeschaltet, in das Haus Cecilienstraße 8 musste nun auch das Schlesische Konvikt einziehen. Beide wurden einem Kuratorium

Feldstraße, im Hintergrund das 1898 erbaute Konvikt in der heutigen Herweghstraße, um 1900

Burschenschaft Tuiskonia Halle, 1886

unterstellt, das vom Staat kontrolliert wurde. Eine Epoche später, 1945, wurde das geräumige Haus, wie alle schönen Gebäude des Paulusviertels, von der sowjetischen Armee besetzt, zwei Jahre danach wieder geräumt. Es war jedoch inzwischen in einem so desaströsen Zustand, dass die Kirche das Tholucksche Konvikt an den Jägerplatz verlegte. Das Haus in der Herweghstraße wurde zunächst für die Volksrichterausbildung vermietet, dann von der Universität als Ausländerinternat genutzt. Heute ist es ein Wohnhaus und heißt, ganz zeitgemäß, Paulus-Residenz. Das einstige Tholucksche Konvikt ging 1997 zusammen mit dem Sprachenkonvikt auf in das Evangelische Konvikt Halle, das sich heute in den Franckeschen Stiftungen befindet.

O alte Burschenherrlichkeit

Etwas anderes als das Konvikt waren die Studentenverbindungen, die es auch im Paulusviertel gab. Eine ganz eigene Welt: mit farbigen Bändern

und Mützen, Fahnen, Wappen und der Mensur, dem Fechtkampf zwischen zwei Mitgliedern unterschiedlicher Verbindungen. Mit ausgeprägten Hierarchien zwischen Füchsen, Burschen, Chargierten und Alten Herren bzw. Philistern, deren Netzwerke den Start ins Berufsleben erleichterten. Mit Prinzipien wie Ehre, Freiheit, Vaterland, Freundschaft usw., deren Funktion es war, die ursprünglich rohen Sitten der Studenten zu zivilisieren: Und mit Gelagen, die vom feierlichen Stiftungsfest über den Commers bis zur einfachen „Kneipe", dem exzessiven Biertrinken, reichten (erst später wurde solcherart Besäufnis auf alle Gaststätten übertragen, die ihr Geld hauptsächlich mit Bierausschank machten). Es wurde viel gesungen dabei, vom Wirtinnenvers bis zum „Lied der Deutschen", das 1922 sogar zur deutschen Nationalhymne aufstieg. Das Lied von der alten Burschenherrlichkeit hat vermutlich einer der Alten Herren gedichtet, der hier nostalgisch zurückblickt:

O alte Burschenherrlichkeit
wohin bist du entschwunden
Nie kehrst du wieder gold'ne Zeit
so froh und ungebunden!
Vergebens spähe ich umher
ich finde deine Spur nicht mehr. [...]

Entstanden ist es 1825, als noch die Karlsbader Beschlüsse galten, mit denen auch die Korporationen verboten worden waren. Nachdem diese Beschlüsse 1848 von der Frankfurter Nationalversammlung aufgehoben wurden, entwickelten sich die einst verbotenen Verbindungen zu Zusammenschlüssen der akademischen Elite. Nach der Reichsgründung 1871 wurden sie zu Stützen des Wilhelminischen Staates. Wer aus solchen Korporationen kam, gehörte nach dem Studium in der Regel zur etablierten Führungsschicht. Viele bedeutende Männer dieser Zeit waren aus den Burschenschaften hervorgegangen: von Ferdinand Lassalle und Wilhelm Liebknecht bis Bismarck und Wilhelm II. höchstpersönlich. Mit der Gründung sogenannter Altherrenverbände ab den 1860er Jahren erweiterte sich auch der finanzielle Spielraum: Vorbei die Zeit, da die Verbindungen sich für ihre Versammlungen, Gelage und Fechtübungen noch bei den Gastwirten der Stadt einmieten mussten. Durch die Spenden ihrer Alten Herren konnten sich die Korporationen nun selbst Immobilien kaufen oder auch bauen lassen. Meist waren es Villen außerhalb der mittelalterlichen Mauern der alten Universitätsstädte, doch sie lagen so, dass die Innenstadt trotzdem zu Fuß erreichbar war.

In Halle kamen dafür die neuen bürgerlichen Wohnlagen wie das Mühlwegviertel, das heutige Bebelviertel, vor allem aber das Kaiserviertel in Frage. Mit ihrer monarchistischen Gesinnung passten die Verbindungen perfekt in die wilhelminisch-gründerzeitliche Kulisse der 1890er Jahre, wie das Foto des Wingolfhauses von 1895 aufs Putzigste demonstriert. Neben dem Hallenser WINGOLF (zu ihm später) waren im Paulusviertel drei weitere Studentenverbindungen vertreten. Zum einen die katholische TUISKONIA, deren Name abgeleitet ist von einem germanischen Gott. Sie war seit 1856 in Halle präsent und hatte sich die Prinzipien Glaube, Wissenschaft, Freundschaft und Heimat aufs Panier geschrieben. Das Ausflugsfoto vom Sommersemester 1886 zeigt die Burschenschaftler in Couleur, d. h. mit Mütze und Band. Zünftig posieren sie hinter dem Bierfass mit Wappen, im Hintergrund die Verbindungsflagge, in der Hand das unvermeidliche Bierseidel. Unmäßigkeit im Kneipen war bei der TUISKONIA allerdings verpönt, auch die sexuelle Moral war hier rigider als in anderen studentischen Verbindungen, schließlich waren die jungen Burschen Katholiken. Und natürlich lehnte man auch Duell und Mensur ab. Wer gegen die Prinzipien verstieß, musste mit Sanktionen rechnen, bis hin zum Ausschluss. Dies widerfuhr drei Tuiskonen 1886, die sich mit Mitgliedern der FRIDERICIANA, einer anderen halleschen Burschenschaft, zum Duell verabredet hatten. Gerade noch rechtzeitig konnten Vermittler das Duell absagen.

Wappen des WINGOLF Halle

1895/96, zu ihrem 40-jährigen Jubiläum, ließ sich die TUISKONIA in der Uhlandstraße 12 für 30.000 Mark ein Haus im Renaissance-Stil bauen, und zwar von dem renommierten halleschen Architekten Friedrich Fahro. Außer den Zimmern (studentisch: Buden) für dort wohnende Mitglieder und den Räumen für Versammlung und Kneipen hatte es auch eine Kegelbahn. Wie viele andere studentische Verbindungen vertagte (studentisch: suspendierte) sich die TUISKONIA vermutlich nach 1914 aus Mangel an jungen Männern, wurde später jedoch in Halle nicht wieder rekonstituiert.

Auch SILESIA war eine katholische, farbentragende Verbindung. Sie wurde erst relativ spät, nämlich 1881, in Halle gegründet, hauptsächlich von Schlesiern – daher der Name. 1912 bezog die Verbindung ihr stattliches Haus in der Kronprinzen- (Schleiermacherstraße) 15, das sie bis zur Selbstauflösung 1935 führte. Das Jugendstilhaus mit dem 120 m² großen Festsaal wurde bis vor kurzem von einer Tanzschule genutzt.

In der Hohenzollernstraße 37 hatte die NEOBORUSSIA seit 1914 ihr Korporationshaus. Ihr gehörten vor allem spätere Philologen und Gymnasialprofessoren an. Sie bezeichnete sich noch als Corps, das heißt, sie gehörte zu den alten Studentenverbindungen, die es bereits seit dem Ausgang des 18. Jahrhunderts gab. Im Unterschied zu den anderen Korporationen im Paulusviertel, die allesamt christlich und damit nichtschlagende Verbindungen waren, bekannten sich die Neupreußen zur uneingeschränkten Fortsetzung der alten Traditionen und damit auch zur Mensur als Mittel der Persönlichkeitsbildung im Sinne von Tapferkeit und Beherrschung von Affekten. Das klappte nicht immer: 1898 zum Beispiel starb einer der Neoborus-

Der Neoborusse Leberecht Märcker (rechts) mit zwei Corpsbrüdern, 1898

sen eigenhändig an seinen übergroßen Affekten. Es handelte sich um Lebrecht Märcker. Als Sprecher (studentisch: Senior) der halleschen Neoborussen hatte er seinen Alten Herren zugesichert, dass sie beim geplanten Beitritt der NEOBORUSSIA zum Kösener Senioren-Convents-Verband komplett mitübernommen würden. Als die Neoborussen einen entsprechenden Antrag zurückzogen, hatte Märcker seinem Gefühl nach sein Ehrenwort verpfändet und nahm sich daraufhin vor lauter Gram mit einer Duellpistole auf der Kneipe das Leben.

Selbst die schlimmen Erfahrungen des Krieges dämpften nicht den Drang einiger Borussen zur Waffe. Im März 1920 meldeten sich zehn Corpsbrüder als Zeitfreiwillige zum Hallenser Senioren-Convent, das sich an der Niederschlagung des mitteldeutschen Kommunistenaufstandes beteiligte. 1935 aber ging es dann doch zu Ende auch mit den Neupreußen: Nicht einmal mehr die Mindestzahl von drei aktiven Mitgliedern war in Halle übrig geblieben – vielleicht waren die anderen bis zu diesem Zeitpunkt schon längst zum Nationalsozialistischen Deutschen Studentenbund übergewechselt? So vertagte sich die NEOBORUSSIA Halle, konnte aber auch nach dem Zweiten Weltkrieg nicht wiedererwachen, sondern ging 1949 in die SAXONIA Frankfurt auf.

Der Hallenser WINGOLF nimmt unter den einstigen Verbindungen im Paulusviertel eine gewisse Sonderstellung ein. Er ist nämlich hervorgegangen aus einem pietistischen Freundschaftskreis hallescher Theologiestudenten, der sich 1837 als eine Art Erbauungskränzchen zusammengefunden hatte, so dass er manchmal als „Tugendkränzchen“ verspottet wurde. Die alles bestimmende Grundlage war das tätige Christentum seiner Mitglieder. So ist es kein Wunder, dass der früheste Förderer des WINGOLF Friedrich August Tholuck war, der „Erfinder“ des späteren Konvikts in der heutigen Herweghstraße. Für sein Engagement im Hallenser WINGOLF wurde er 1848 zum Ehrenphilister ernannt. Zunächst hatten die Wingolfianer gar keine korporativen Ambitionen, erst als Studenten aus Jena nach Halle gewechselt und dem WINGOLF beigetreten waren, drehte sich der Wind und man trug nun zwar auch Farben und tat sich mit gleichnamigen Verbindungen in anderen Universitätsstädten zum WINGOLFBUND zusammen, lehnte jedoch Mensur und Fechtübungen weiterhin strikt ab.

Eines seiner Mitglieder war übrigens Johannes Meinhof (1859–1947), der später Pfarrer der Laurentiusgemeinde und Superintendent in Halle, 1934 auch Großvater der späteren Terroristin Ulrike Meinhof wurde.

Das WINGOLF-Haus in der heutigen Robert-Blum-Straße 35 ist 1893 eingeweiht worden – erbaut hatte es übrigens Friedrich Kuhnt. Es war das erste Verbindungshaus im Paulusviertel überhaupt. Auf dem Foto von 1895 sieht man, dass es damals noch ziemlich allein stand. Wie alle Verbindungshäuser verfügte es über eine Art Wohnheim, in der Mitglieder relativ preiswert unterkommen konnten, sowie Räume für Versammlungen und zum Kneipen.

Auch die meisten Wingolfianer sind 1914 sicher mit Begeisterung „ins Feld" gezogen, doch da es Theologen waren, blieb ihr militärisches Engagement begrenzt auf die Dauer des Krieges. Nach 1933 gab es, wie in der evangelischen Kirche insgesamt, auch im WINGOLF Mitglieder, die sich zu den NS-nahen Deutschen Christen hingezogen fühlten, doch die meisten wurden Anhänger der oppositionellen Bekennenden Kirche. Um weiteren Anfeindungen zu entgehen, beschloss man 1935 die Auflösung der Verbindung. Auf das Haus in der Hohenzollernstraße hatte bereits die nationalsozialistische Arbeitsfront ihr Auge geworfen, deshalb verkaufte die Verbindung es 1935 an die Paulusgemeinde. Ein Scheingeschäft, denn der Kaufpreis von 5.000 RM floss als Spende an die Gemeinde zurück.

Nach 1990 konnten sich einige ehemalige Studentenverbindungen in Ostdeutschland neu etablieren, so auch der WINGOLF in Halle. Seine Wiedergründung erfolgte 2002, das Haus in der Robert-Blum-Straße ging durch Rückübertragung an ihn zurück und konnte zwei Jahre später neu

Wingolfhaus in der
Robert-Blum-Straße 35, 1895

Borussen auf dem Hof von
Kramers Restaurant in Kröllwitz, um 1930

eingeweiht werden. Wie alle Verbindungen betont auch der WINGOLF heute seine unpolitische Haltung und beruft sich auf solche traditionell verankerten Prinzipien wie Freundschaft, Humanität, Toleranz und Achtung der Demokratie. Doch die großen Zeiten der Korporationen sind mit dem Wilhelminischen Reich untergegangen. Heute gelten sie als sehr konservativ und als reine, aus der Mode gekommene Männerbünde. Um im späteren Berufsleben Fuß zu fassen und Erfolg zu haben, gibt es heute ganz andere Möglichkeiten als die Förderung durch Alte Herren, welcher Couleur auch immer. Gleichwohl weht, wie einst, vom Dach des Hauses Robert-Blum-Straße 35 jetzt wieder die schwarz-weiß-goldene Vereinsflagge und auf den Klingelschildern des Wohnheims stehen immer noch ausschließlich männliche Namen – nur die untere Klingel ist der „Kellerkneipe“ vorbehalten.

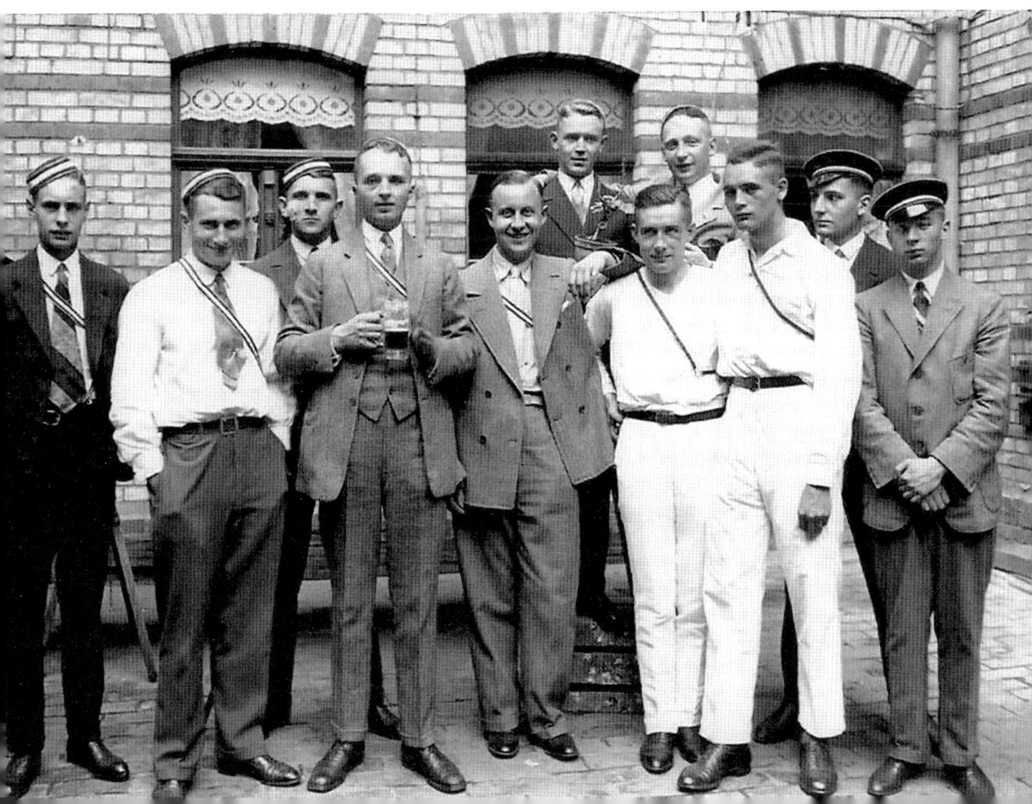

Alltag: Von der Apotheke bis zur Tankstelle

Läden, Cafés und Kneipen gibt es im Innern des Paulusviertels wenige: zwei Bäcker, eine Apotheke, eine Fleischerei, einen Tante-Emma-Laden, drei Cafés … Nicht viel für ein Viertel mit fast 13.000 Einwohnern. Die trösten sich mit den zahlreichen Einkaufs- und Einkehrmöglichkeiten am verkehrsreichen Rand, am Reileck und in der Wuchererstraße. Dass es im Viertel selbst nur wenig Geschäfte gibt, war nicht immer so. Gleich nach der Fertigstellung der ersten Häuserzeilen siedelten sich hier auch Geschäfte an, zunächst in der Schillerstraße, die ursprünglich als wichtigste Zufahrtsstraße ins Paulusviertel gedacht war, was man auch an ihrer Breite im oberen Teil sieht. Werfen wir einen Blick in das „Adressbuch der Stadt Halle und Umgebung" von 1906: Drei Bäcker gab es zu diesem Zeitpunkt allein in der Schillerstraße, im ganzen Viertel sogar sechzehn, lässt man Wucherer- und Reilstraße außen vor. Hinzu kamen insgesamt zehn Fleischereien. Und natürlich jede Menge Lebensmittelläden: Hofmüller und

Hempel in der Schillerstraße, Pfeiffer & Haase in der Lessingstraße oder Fritz Leue in der Dessauer Straße 6b – um nur einige zu nennen. Und Schneider und Schuhmacher. Dahinter, in den Höfen, hatten die anderen Handwerker ihre Werkstätten und Lagerräumen: Maurer, Dachdecker, Klempner, Tischler, Ofensetzer.

Außerdem waren da Dienstleister, die oft gar keinen Laden benötigten, sondern ihre Wohnung nutzen konnten oder auch zum Kunden kamen. Plätterinnen und Dienstmädchen zum Beispiel. Oder die *Erste Hall'sche Versicherung gegen Ungeziefer*, die Johannes Meyer in der Goethestraße 11 betrieb. Auch Lehrangebote gab es recht häufig im Viertel, etwa Stunden bei *Klavier-Lehrerin Sophie Fettback (Schülerin von Professor Reubke), Viktoriastr. 26,* wie es im Adressbuch von 1906 heißt. Das war die Zeit, in der man noch schwere und häufig unbequeme Schuhe trug, so dass auch der *Hühneraugen-Operateur Kurt Fruhnert, Lessingstraße 28* sein Auskommen fand. Offenbar jedoch nicht für ewig: 1926 wohnt er zwar immer noch dort, wird aber jetzt als *Kaufmann* geführt und weitere zehn Jahre später ist er nur mehr *Angestellter,* wer weiß wo.

Ludwig-Wucherer-Straße, um 1890,
heute befindet sich hier der Edeka-Markt

Ludwig-Wucherer- 76/
Ecke Lessingstraße, um 1920

Lebte er heute, hätte er mehr Chancen in seiner ursprünglichen Profession, wenn auch nicht als *Hühneraugen-Operateur,* so doch als Inhaber eines Fußpflegesalons, vielleicht gar Podologischen Instituts im Paulusviertel. Denn der Bereich Gesundheit/Wellness ist hier inzwischen gut präsentiert: von Arztpraxen (acht davon sind Psychotherapeuten) über Yoga- und Pilatesstudios bis zur Ernährungsberatung. Und dann gibt es noch jede Menge Büros: Rechtsanwälte, Notare, Steuerberater und natürlich Makler. Die braucht man heute dringender als einen Bäcker oder Gemüseladen an der nächsten Ecke, schließlich leben wir in Zeiten des Supermarktes.

Verschwunden sind natürlich auch Milch- und Tabakläden, vom Kolonialwarenhändler oder Kohlehändler ganz zu schweigen. Aber auch der größte Betrieb, den es im Paulusviertel je gab, ist Vergangenheit. Er gehörte ursprünglich Carl Warnecke (1851–1930), der 1889 in der Kleinen Ulrichstraße begonnen hatte mit einer „Lithographischen Kunstanstalt, Buch- und Steindruckerei“. Das Geschäft lief so gut, dass es dort bald zu eng wurde, und so baute er sich Anfang des 20. Jahrhunderts auf dem Grundstück Ludwig-Wucherer-Straße 40 eine neue Druckerei, die er 1906 als „Lithogra-

Automobil der Dampf-Bäckerei Jünge in der
Bismarck- (heute Carl-von-Ossietzky-Straße), um 1920

fische Kunstanstalt und Etikettenfabrik" eröffnete. Hier entwickelte sie sich schnell zur Großdruckerei CAWAR – das waren die Anfangsbuchstaben Carl Warneckes. Später baute er die Druckerei aus und um, wobei er den Haupteingang nach hinten, in die Brandenburger Straße 5 verlegte. Gedruckt wurden Verpackungen, Plakate, Bildpostkarten und Werbeschriften, auch nach 1945, als der Großbetrieb enteignet wurde und fortan als Gravo-Druck (das stand für Graphischer Volksbetrieb) produzierte. Cirka 250 Mitarbeiter hatte Gravo, dessen Schriftzug nicht nur auf Plakaten und Werbungen aller Art zu finden war, sondern auch auf den Schreib-, Hausaufgaben- und Muttiheften der DDR. Außerdem produzierte Gravo Verpackungen und Aufkleber für den Westen, etwa für Mon Cheri und Nutella. In der Wendezeit versuchte der Betrieb, als GmbH über die Krise zu kommen, musste jedoch 1992 Insolvenz anmelden. Heute ist es eine Industrieruine, die Jugendliche zu ihrem Treffpunkt gemacht haben. Zwar wurde das Grundstück 2019 zwangsversteigert und ging für 1,5 Millionen Euro an einen Leipziger Käufer. Doch getan hat sich nichts. Irgendwann, so ist zu hoffen, wird die Ruine beräumt sein. Und von Carl Warnecke, dem mutigen Gründer, wird dann nur mehr sein Familiengrab auf dem Gertraudenfriedhof zeugen.

Gravo war zwar die größte, nicht aber die einzige Fabrik im Paulusviertel. In der Dessauer- (heute Paracelsus-) Straße gab es außerdem die Bürstenfabrik von Otto Pöge & Co., deren Schornstein noch heute hinter der Synagoge aufragt. Die Bürstenfabrik hat bis in die 40er Jahre hinein existiert. Und im Adressbuch von 1906 ist noch eine Tütenfabrik aufgeführt, die Hermann Kuhnt gehörte – vielleicht ein Nachkomme unseres Tausend-

Plakat aus dem VEB Gravo-Druck, 1959

sassas Friedrich Kuhnt? Sie war so klein, dass sie in die 1. Etage der Kronprinzenstraße 54 passte. Vielleicht zu klein, um am Markt überleben zu können, denn 1936 ist sie nicht mehr verzeichnet. Zumal das Tütenklebe-Gewerbe inzwischen längst in den Strafvollzug umgezogen war.

Nicht nur dieses und andere Gewerbe sind heute im Paulusviertel verschwunden, sondern, mit der umfassenden Sanierung nach 1990, auch die alten Inschriften von einstigen Geschäften. Nur an der Ecke Lessing-/Hollystraße, an einem der wenigen unsanierten Häuser, kündet eine verblichene Schrift noch von Alexander Winklers Papier- und Buchhandlung, die es laut Adressbuch schon 1926, auch 1946 noch gab. An der tadellos sanierten Fassade des Hauses Schillerstraße 45 hingegen ist auch die alte Geschäftsinschrift „Otto Keller“ mit saniert worden. Wer war er und was trieb er dort? Den Vorbeigehenden bleibt es ein Geheimnis, das nach einem Blick in die Adressbücher der 20er Jahre hier gelüftet werden kann. Otto Keller war ein Pionier, einer der ersten, mit dem etwas Neues, ungemein Zukunftsträchtiges ins Paulusviertel einzog: die Dienstleistungen rund um das Automobil. Er hatte nämlich im Hof der Schillerstraße 45 eine Vulkanisieranstalt

Gravo-Druck am Reileck,
Zustand Oktober 2021

Steyr-Automobil vor dem Geschäft Otto Voigt
in der Ludwig-Wucherer-Straße, um 1920

eröffnet. Und in der Humboldtstraße 12 gab es das *Automobil-Fuhrwesen* (sprich Taxi) der Gebrüder Pfitzmann, in der Wielandstraße 27/28 die Auto-Reparaturwerkstatt von Willy Sickel, in der Lessingstraße 44 sogar eine *Vertragswerkstatt für Steyr-Automobile.* Wo Autos fahren, muss es auch Benzin geben. So hatte sich Mitte der 30er Jahre in der Schillerstraße 1 die Tankstelle von P. Werner angesiedelt, die den Krieg überlebte und als Minol-Betrieb erst Mitte der 70er Jahre geschlossen wurde.

Wenn auch das Autogewerbe aus dem Paulusviertel längst verschwunden ist – das Auto selbst nicht. Im Gegenteil. Es hat sich gerächt, indem es, tausendfach vermehrt, nun lückenlos die Ränder der Fußwege besetzt hält.

Nur drei der alten Geschäfte im Paulusviertel haben bis heute überlebt. Es sind Familienbetriebe, die ihr Handwerk über mehrere Generationen weitergegeben haben. Da ist zunächst die Brot-, Weiß- und Kuchenbäckerei Karl Kolb Ecke Schiller-/Humboldtstraße. Ihr Gründer Karl Kolb hatte bereits 1903 eine Backstube mit Laden eröffnet, zunächst in der Jacobstraße. Doch als das Paulusviertel immer mehr bebaut wurde, zog er 1908

mit seinem Geschäft in die Schillerstraße 23, obwohl es hier, nur ein paar Häuser weiter, in der Nummer 31, bereits die Bäckerei Hermann Hädicke gab. Während die irgendwann im Zweiten Weltkrieg verschwand, haben die Kolbs ihr Geschäft durch Kaiserreich, Weimarer Republik, Nazizeit und DDR bis in die Gegenwart gebracht und backen Brot, Brötchen, Kuchen und Torten fürs Paulusviertel nun bereits in der vierten Generation.

Nicht ganz so alt ist die Fleischerei Dietzel in der damaligen Bismarckstraße 25. Im Jahr 1921 gehörte sie noch A. Harth, und Arno Dietzel, damals 14 Jahre alt, war hier zunächst nur Lehrling, dann Geselle. 1932 fühlte er sich stark genug, um in der Torstraße eine eigene Fleischerei aufzumachen, doch als sein einstiger Meister ein Jahr später in Rente ging, kaufte Arno Dietzel nicht nur dessen Geschäft in der Bismarckstraße, sondern zugleich auch das Haus. Äußerlich war alles noch bescheiden und etwas eng: Im Erdgeschoss befanden sich sowohl der Laden als auch die Wohnung der Dietzels, die Wohnungen darüber waren vermietet, meist an Kriegerwitwen, die es nach dem Krieg nicht nur im Paulusviertel zahlreich gab. Innen aber war der Laden schon damals prächtig gefliest, wie das Foto von 1933 zeigt. Bis 1965 führte Arno Dietzel ihn, dann übergab er an seinen Sohn Lothar, der das Handwerk von der Pike auf bei seinem Vater gelernt hatte. Das Fleisch wurde damals noch jeden Tag vom Schlachthof in der Freiimfelderstraße per Pferdefuhrwerk angeliefert. Auch die Kinder Lothars wurden in den Betrieb mit einbezogen, den in der dritten Generation Holger Dietzel übernahm. Nach der Wende ergriffen die Dietzels die Chance und bauten eine neue Produktionsstätte für Fleisch und Wurstwaren in Zscherben bei Halle, zugleich wurden neue Filialen eröffnet. Heute

Bäckerei Kolb in der Schillerstraße, um 1930

Ehepaar Dietzel im Geschäft Bismarckstraße 25, 1933

sind es in Halle und Umgebung insgesamt vierzehn. Der Stammladen in der Carl-von-Ossietzky-Straße wurde mit viel Gespür für Tradition saniert und erweitert, so dass man nun hier die Geschichte des Unternehmens bei Kaffee und Wurstbrötchen nachvollziehen kann.

Das dritte erhaltene, zugleich älteste Geschäft des Paulusviertels ist die Mohren-Apotheke. Gegründet wurde sie 1894 von Paul Perle, am Rande des Viertels, dort, wo Ludwig-Wucherer- und Reilstraße zusammentreffen, gleich daneben lag Hädickes Kolonialwarenladen. Das Haus wirkt heute in seiner Querlage und mit dem vorgebauten Mittelteil wie ein vorgeschobener Posten, der das Viertel abschirmt gegen die Stadt, geschützt auch durch den mit Lanze und Schild ausgerüsteten Mohren auf dem Sockel der zweiten Etage, eine Reminiszenz an Caspar, einen der Heiligen Drei Könige. Der – das sei übereifrigen Sprachreinigern, die alle Mohrennamen am liebsten ausmerzen würden, ins Stammbuch geschrieben – der Legende nach aus Afrika stammte und dem Christuskind Myrrhe zum Geschenk machte, die hilft gegen allerlei Krankheiten. Fast hundert Jahre lang war die Mohren-

Apotheke die einzige des Viertels. Zwar gibt es seit 1907 auch noch die Neue Apotheke, die zwar ebenfalls in der Wuchererstraße, doch jenseits des Paulusviertels liegt.

Warum Paul Perle die Mohren-Apotheke bereits 1905 aufgegeben hat, ist unbekannt. War es vielleicht die Feuchtigkeit im Keller des Hauses, unter dem die Faule Wietschke rumort, so dass später eine Pumpe eingebaut wurde, die noch heute bei Bedarf in Gang gesetzt wird? Wie auch immer: Der neue Käufer war der erst 25-jährige Paul Haase, der nicht nur die Apotheke erwarb, sondern das ganze Haus dazu. Und außerdem in Lettin ein Stück Land, auf dem er Arzneipflanzen anbaute, die er in seiner Apotheke zu Medikamenten verarbeitete. Anfang der 20er Jahre übernahm sein Sohn Herbert das Geschäft und gab ihm 1927 die heutige Gestalt: Er erweiterte die Ladenfläche, indem er Hädickes Kolonialwarenladen dazukaufte, das Ganze außen und innen umbauen und auch die noch heute sichtbare Schrift an der Fassade anbringen ließ. Neben den Namen der Apotheke kam nun auch erstmals der Zusatz „Reileck“, den dann das gegenüberliegende Geschäft

übernahm, so dass die Ecke überhaupt erst zur markanten topografischen Adresse in Halle wurde. „Reileck" soll – so will es jedenfalls die Familienüberlieferung – eine originäre Wortschöpfung von Frau Haase gewesen sein. Hans-Herbert Haase, ihr Sohn, studierte nach dem Krieg ebenfalls zunächst Pharmazie. Als er merkte, dass die Apotheken in der DDR verstaatlicht werden würden, nahm er noch ein Medizin-Studium auf und arbeitete als Arzt, nachdem sein Geschäft 1974 zur „Staatlichen Mohren-Apotheke" geworden war. Nach der Wende kam die Apotheke in seinen Besitz zurück. Obwohl inzwischen im Rentenalter, übernahm er noch einmal die Leitung, von 2005 bis zu seinem Tode 2011. Sieht man also ab von den fünfzehn Interimsjahren in der DDR, war die Mohren-Apotheke fast hundert Jahre im Familienbesitz.

Und wo ging man hin, um zu entspannen nach all den Einkäufen und Besorgungen für den Alltag? In die Kneipe natürlich. Etwa zum Paulusschlößchen in die Kaiserstraße 1. Der Betreiber hatte den schönen Namen Emil Jedermann, schon 1882 war er vor Ort und die Kneipe gab es dort bis in die 50er Jahre hinein. Heute ist hier die Konditorei Wendl. Oder man

Reileck mit Mohrenapotheke, daneben Eingang zur Cawar Druckerei, um 1900

Rezeptumschlag der Mohrenapotheke, um 1900

kehrte ein bei Otto Hildeberand in der Harnackstraße 21, eine Kneipe, die es ebenfalls noch in den 50er Jahren dort gab. Auch den Kaiserhof in der Reilstraße gab es bis in die DDR-Zeit. Die Gaststätte Thomas in der Dessauerstraße 1 soll ebenfalls bis in die 70er Jahre existiert haben. Weitaus vornehmer war das Restaurant von Ernst Gärtner an der Ecke Hardenberg-/Paracelsusstraße 9, das sich bis heute am Platz gehalten hat und lange schon Dessauer Hof heißt. Und gegenüber, in der Hardenbergstraße 1, lag die Gaststätte von Otto Bischoff, die den inoffiziellen Beinamen „Blutiger Knochen" trug. Den hatten ihr wahrscheinlich die Soldaten verpasst, die ganz aus der Nähe, von der Kaserne am Roßplatz, herüberkamen, um ein paar Bier und vielleicht sogar ein Kotelett zu sich nehmen.

Oder man ging zur Entspannung ins Kino – auch das gab es im Paulusviertel, sogar viermal! 1909, gleich am Beginn der Kinogeschichte, eröffneten am Reileck 133, neben der Mohren-Apotheke, die Germania-Lichtspiele. Da flackerten lustige Streifen über die Leinwand, gelegentlich wurde auch ein „Kunstfilm" annonciert. Noch eine andere Neuigkeit führte der Kinobetreiber ein: Im Sommer 1910 warb er nämlich mit Filmvorführun-

Reileck, Blick in die Bernburger- und Händelstraße, um 1920

Stammtisch im Kaiserhof in der Reilstraße, um 1920

gen im Garten. Ab neun Uhr abends konnte man hier also das erste Mal in Halle Freilichtkino sehen. Um 1920 aber lief das Germania nicht mehr so gut, es wurde dichtgemacht. Aber es gab ja noch, am anderen Ende des Viertels, in der Goethestraße 26, das Edison-Theater, das ebenfalls bereits 1909 gegründet worden war. Ihm war ein sehr viel längeres Leben beschieden, bis Mitte der 50er Jahre konnte man hier Filme sehen. Das dritte Kino wurde 1923 in der Hegelstraße 3 eröffnet. Schon vom Namen her gab es sich als etwas Besonderes zu erkennen: Kultur-Film-Theater. Hier also liefen, so lässt sich vermuten, die großen deutschen Stummfilme: *Das Kabinett des Dr. Caligari*, *Nosferatu* oder vielleicht auch *Der letzte Mann.* Interessant ist, dass dieses Kino 1930, als der Tonfilm richtig ins Laufen gekommen war, wieder verschwand, vielleicht, weil man dafür technisch beträchtlich hätte aufrüsten müssen. Das war wohl für die Betreiber solch kleiner Flohkinos mit hundert bis zweihundert Sitzplätzen nur im Ausnahmefall machbar. Das vierte Kino im Viertel, die Casino-Lichtspiele in der Hardenbergstraße 1 (dort, wo auch die Kneipe von Otto Bischoff war) lebte am längsten. Ge-

gründet erst 1930, hatte es von Anfang an technisch auf den Tonfilm gesetzt und konnte dadurch sogar bis 1963 existieren. Dann aber, mit dem Einzug des Fernsehers in die Wohnzimmer, hatte auch dieses Kino ausgedient.

Ludwig-Wucherer-/Ecke Schillerstraße, um 1900, hier befand sich die Minol Tankstelle

Fritz Leue, Dessauer Straße 6b, um 1930

FRITZ LEUE
KAFFEE TEE LEBENSMITTEL GEMUSE OBST
FRITZ LEUE
FRITZ LEUE

Karl Kolb

HAKENKREUZ UND STOLPERSTEINE: 1933–1945

Am 12. Mai 1933 wurden auf dem Universitätsplatz in Halle Bücher unliebsamer Autoren verbrannt, wie zuvor auch in anderen Universitätsstädten. Diese „Aktion wider den undeutschen Geist" war das wohl spektakulärste Ereignis am Anfang der nationalsozialistischen Herrschaft. Den Alltag der meisten Deutschen, auch im Paulusviertel, berührte das zunächst kaum. Dessen bemächtigte sich das neue Regime eher unauffällig, schleichend: Statt der schwarz-rot-goldenen Flagge der Weimarer Republik wurde wieder die einstige schwarz-weiß-rote als Nationalflagge neben der Hakenkreuzfahne eingeführt – erst ab September 1935 galt letztere allein als Reichsflagge. Und ab 1934 war der 1. Mai kein Kampftag der Arbeiter mehr, sondern ein Tag der Volksgemeinschaft, erhoben zum „Nationalen Feiertag des deutschen Volkes". Gebäude wurden geschmückt und es gab große oder auch kleinere Umzüge durch die Straßen, wo nicht nur SA, sondern vor allem auch Jugend- und Kindergruppen mitmarschierten.

So vergleichsweise harmlos erlebte man wohl auch im Paulusviertel zunächst das neue Regime. Dies legt das Foto von der Ecke Schiller-/Humboldtstraße nahe, das, zunächst undatiert, vermutlich am 1. Mai 1934 oder 1935 aufgenommen wurde: Die Beflaggung am Haus der Bäckerei Kolb sowie die Kleidung der Spaziergänger deuten auf einen Feiertag im Frühjahr hin. Bei der Vergrößerung des Fotos erkennt man rechts unten, an der Spitze der kleinen Menschengruppe, eine Hakenkreuzfahne, der vor allem Kinder folgen, wahrscheinlich Pimpfe, so wurden die 10- bis 14-Jährigen des Deutschen Jungvolks genannt.

Auch andere Symptome des Machtwechsels wurden im Paulusviertel vermutlich zunächst eher am Rande wahrgenommen, für viele waren sie auch gar nicht sichtbar. Erinnern wir uns: 1934 zieht die SA in das Gelände des Tierschutzvereins ein, 1935 dann die HJ. Die Studentenverbindungen lösen sich auf oder werden gleichgeschaltet. Innerhalb der Paulus-Gemeinde gibt es immerhin Auseinandersetzungen zwischen den regimetreuen Deutschen Christen und Anhängern der Bekennenden Kirche, die sich gegen die Vereinnahmung für politische Zwecke wehren. Als 1933 ein neuer Ge-

 Kleiner Umzug Schiller-/Ecke Humboldtstraße, um 1933

meindekirchenrat gewählt und die Ältesten im Gottesdienst eingeführt werden sollen, marschiert plötzlich eine Fahnenabordnung der NSDAP in der Pauluskirche auf und fordert die Ältesten auf, bei ihrer kirchlichen Verpflichtung auf die Hakenkreuzfahne zu schwören. Nur drei der fünfzehn Gewählten tun dies nicht. Und auch die beiden Pastoren Franz Dombrowski und Friedrich Holtz protestieren gegen die Zumutung, sich jeder Stellungnahme zur Kirchenpolitik oder zur kirchlichen Obrigkeit zu enthalten. Daraufhin wird die Pauluskirche von Polizei und SA-Männern umstellt und die beiden Pastoren werden vorübergehend zwangsversetzt. Dass sich 1937 Pfarrer Gottfried Erdmann, der seit zwei Jahren an der Pauluskirche ist, mit 37 Jahren das Leben nimmt, hat offenbar nichts mit den politischen Verhältnissen zu tun, sondern mit seiner labilen psychischen Konstitution.

Dann aber kommt der Krieg und fordert seinen Tribut auch im Paulusviertel. 1941 wird das Denkmal Max Maerckers vor der einstigen Landwirtschaftskammer entfernt und eingeschmolzen, ein Jahr später geschieht dies auch den beiden größeren Bronzeglocken der Kirche sowie dem Kupferdach. Was vergleichsweise harmlos begann, mündet nun in Tod und Un-

Aufmarsch der Wehrmacht am Roßplatz, um 1935

tergang. Immer mehr Männer fallen. Und kaum zu übersehen ist nun auch das Verbrechen, das an den jüdischen Mitbewohnern begangen wird.

1885, bevor das Paulusviertel gebaut wurde, gab es in Halle insgesamt 746 Juden, die den wirtschaftlichen Aufstieg der Stadt wesentlich mitbestimmt hatten, als Bankier (z.B. Alfred Katz) oder Geschäftsleute (z.B. der Kaufhausbesitzer Kurt Lewin). Bis 1910 war ihre Zahl auf ca. 1.400 Personen angewachsen, das war immerhin fast ein Prozent der halleschen Bevölkerung insgesamt. Und so blieb es bis zum Jahr 1931.

Schon 1864 war abzusehen, dass der bisherige jüdische Friedhof in Halle, auf dem Töpferplan, in der Nähe des Stadtgottesackers gelegen, nicht mehr ausreichen würde. So erwarb die jüdische Gemeinde einen neuen Begräbnisplatz an der damals noch vorhandenen Ackerstraße, also im freien Gelände vor der Stadt. Doch die rückte mit ihrem neuen Nordost-Viertel schnell auf, so dass der größere jüdische Friedhof bald in die neu entstandene Viktoriastraße einverleibt war, wenngleich am Rande des neuen Viertels. Dass 1929 weiter weg, in der Boelckestraße, noch ein dritter jüdischer Begräbnisplatz

errichtet wurde, der heute an den Gertraudenfriedhofs grenzt, spricht für die Zukunftsgewissheit der jüdischen Gemeinde in Halle.

Doch gab es im Paulusviertel nicht nur den Friedhof, sondern, wie in anderen Stadtteilen, auch jüdische Familien, die hier lebten. Wie viele es in Halle insgesamt kurz vor dem Machtantritt der Nationalsozialisten waren, lässt sich nicht ermitteln. Für die Jahre 1933 bis 1945 haben das Schülerprojekt „Juden in Halle“ sowie die Recherchen von Heidi Bohley im Zusammenhang mit der Verlegung von Stolpersteinen über hundert Lebensschicksale von halleschen Juden ermitteln können, die im Dritten Reich ermordet oder in den Selbstmord getrieben wurden. Dies wäre nicht möglich gewesen, hätte die Orientalistin und Bibliothekarin Gudrun Goeseke 1978 nicht Unterlagen aus dem Keller der Jüdischen Gemeinde geborgen, die über das Schicksal von Gemeindemitgliedern Aufschlüsse zuließen. Für diese Rettungstat wurde sie posthum geehrt, indem die neue Umgehungsstraße zum Steintor am Rande des Paulusviertels nach ihr benannt wurde. Dokumentiert ist bisher das Schicksal von 33 Juden, die im Paulusviertel gewohnt haben; wo genau, ist inzwischen durch Stolpersteine markiert: vor Villen ebenso wie vor Mietshäusern. Meist gehörten sie dem Bürgertum an; es waren die Familien von Geschäftsinhabern, kleinen Fabrikbesitzern, Akademikern oder Anwälten, in ihrer Gesinnung durchaus unterschiedlich. Einige waren bis zum Schluss dem jüdischen Glauben verhaftet, andere längst zum Christentum konvertiert und empfanden sich ganz und gar als Deutsche. Exemplarisch dafür mögen die Familie Cohn sowie der Völkerrechtler Max Fleischmann stehen.

Recha Cohn, geb. Grünspan, 1914 in Thüringen geboren, hatte 1938 den Hallenser Juristen Richard Cohn geheiratet und war mit ihm in die Kurfürstenstraße 75 gezogen. Im November wird die Tochter Hannacha geboren. Kurz danach wird der junge Vater verhaftet, nach Buchenwald verbracht, von dort aber wieder entlassen mit der strikten Auflage, Deutschland sofort zu verlassen. Von England aus versucht er seine Familie nachzuholen – vergeblich. Recha hat mit ihrem inzwischen dreijährigen Kind die ursprüngliche Wohnung bereits verlassen und beide leben in einem sogenannten „Judenhaus“ in der Hindenburgstraße 13a. Am 23. Mai 1942 erhält die junge Mutter die Benachrichtigung, dass sie sich am 1. Juni mit ihrer Tochter im jüdischen Gemcindehaus zum Transport in den Osten einfinden soll, mit der Zusicherung, es sei für anständige Unterkünfte und Lebensunterhalt gesorgt. So besteigen sie zusammen mit der Großmutter Thekla Cohn, die nicht allein bleiben will und selbst um Aufnahme in den Transport gebeten hatte, den aus Kassel kommenden Personenzug, nicht ahnend, dass er sie direkt in den Tod führen wird. Es war der erste Deportationszug aus Halle, der in ein Vernichtungslager fuhr, nach Sobibor. Insgesamt 132 Juden steigen hier zu, darunter die Cohns. Am 3. Juni erreichen sie Sobibor und werden, nach Männern und Frauen getrennt, in den Aufnahmebereich geführt, wo sie Gepäck und Bekleidung abgeben müssen. Dann gehen sie in die Gaskammern, in die von außen, per Dieselmotor, Kohlenmonoxyd eingeführt wird. Nach zehn, spätestens fünfzehn Minuten lebt keiner der Eingeschlossenen mehr. Die Leichen werden in einem gleich dahinter liegenden Massengrab verscharrt.

Ein ganz anders geartetes jüdisches Schicksal aus dem Paulusviertel ist das von Prof. Dr. Max Fleischmann. 1872 in Breslau geboren, studierte er Jura und erhielt 1921 eine Berufung nach Halle. Vermutlich von diesem Zeitpunkt an wohnte er bis 1941 in dem schönen, von Architekt Paul Grempler erbauten Stadthaus Rathenauplatz 14. Er machte Karriere, war Senatspräsident am Reichswirtschaftsgericht, wurde zweimal für je eine Amtszeit zum Dekan der Juristischen Fakultät und 1925/26 zum Rektor der halleschen Universität gewählt, zudem gründete er hier 1927 ein „Institut für Zeitungswesen", quasi einen frühen Vorläufer der Medienwissenschaft. International bekannt wurde er vor allem als Völkerrechtler; 1930 unterzeichnete er als Vertreter der Weimarer Republik die Schlussakte der

Recha Cohn mit ihrer Tochter Hannacha, um 1939

Haager Konferenz für die Kodifikation des Völkerrechts.

Die besondere Tragik Fleischmanns liegt darin, dass er sein Judentum zeitlebens verleugnete und dennoch oder gerade deshalb zum Opfer des NS-Regimes wurde. Schon früh hatte er seine jüdische Abstammung verschwiegen und war zum Christentum konvertiert. Von deutschem Patriotismus durchdrungen, meldete er sich 1914 als Kriegsfreiwilliger, wurde aber wegen eines Herzfehlers abgelehnt, als Staatsanwalt in Königsberg dennoch mit dem Eisernen Kreuz II. Klasse ausgezeichnet. So fiel er nach dem Machtantritt der Nazis erst einmal unter die Frontkämpferklausel und blieb zunächst verschont. Umso schwerer musste es ihn treffen, dass er 1935 wegen seiner jüdischen Herkunft doch in den zwangsweisen Ruhestand versetzt wurde und ein Jahr später seine Lehrbefugnis verlor. Auch nachdem er 1941 nach Berlin umgezogen war und am 1. September die Verordnung zum Tragen des Judensterns erlassen worden war, weigerte er sich, ihn zu tragen. Als ihn die Gestapo deshalb am 14. Januar 1943 festnehmen wollte, entzog er sich der Verhaftung durch den Freitod.

Nicht alle Juden aus Halle wurden ermordet oder endeten durch Selbsttötung, immerhin knapp 600 von ihnen war es bis zum Auswanderungsverbot Ende Oktober 1941 gelungen, ins Exil zu gehen: nach Shanghai, Großbritannien, Palästina oder in die USA. Wie viele geblieben sind und trotzdem überlebt haben, ist unbekannt. Aus Halle ist bisher nur ein einziger Fall dokumentiert, in dem ein kinderloses katholisches Ehepaar einer jüdischen Mutter und ihrem Sohn aus Leipzig Unterschlupf gewährte. Und dieser Fall spielte sich hauptsächlich im Paulusviertel ab, in der Hardenbergstraße 3. Dort lebten Ernestine und Edgar Koch, die sich über die Wandervo-

Prof. Max Fleischmann (1872–1943), um 1930

gelbewegung kennengelernt hatten und nach ihrer Heirat hierher gezogen waren. Beide waren frühe „Grüne", die in ihrem kleinen Gartenbaubetrieb biologisch-alternative Anbaumethoden praktizierten. Die Produkte verarbeiteten und verkauften die Kochs in ihrem „Vegetarischen Speisehaus" in der Schmeerstraße Nr. 5. Als aus dem Dominikanerkloster Leipzig die konspirative Anfrage kam, ob sie bereit wären, die Jüdin Käthe Leibel, die mit ihrem kleinen Sohn Jochen am 17. Februar 1943 nach Auschwitz deportiert werden sollte, zu verstecken, zögerten die Kochs nicht. Über mehrere Stationen kamen Käthe Leibel und ihr zweijähriges Kind mit falschen Papieren als angebliche Berliner Bombenflüchtlinge zum Ehepaar Koch und lebten zunächst in einem Schuppen des Kochschen Gartenbaubetriebs, ab November 1943 bis Kriegsende in einer Bodenkammer der Hardenbergstraße 3, offiziell als Untermieter des Ehepaars.

Beide Familien gingen 1951 nach Westdeutschland. Jochen Leibel, damals 11 Jahre alt, lebt heute in Frankreich. 2016 wollte er für seine Retter Ernestine und Edgar Koch eine Erinnerungstafel am Haus Hardenbergstraße 3 anbringen lassen. Das versagten ihm die damaligen Eigentümer jedoch aus *ganz pragmatischen Abwägungen*, wie es in einem Brief hieß: *Schmutzfahnen an Fassade, Farbunterschied unter Schild, ggfl. Reparaturen in Zukunft, Löcher in der Fassade*. So blieb nur übrig, die Tafel zur Erinnerung an die stille Heldentat von Edgar und Ernestine Koch am Haus Schmerstraße 5 anzubringen, dort, wo sie ihr vegetarisches Restaurant betrieben hatten.

Ernestine und Edgar Koch, um 1925

Beim Einmarsch der sowjetischen Truppen gab es in Halle und Umgebung insgesamt noch 49 Juden, so steht es auf der Website der

Jüdischen Gemeinde. Doch waren das keine Hallenser, sondern sogenannte Displaced Persons, Menschen also, die die NS-Lager überlebt hatten und die es nach dem Krieg hierher verschlagen hatte. Im Paulusviertel machte sich die Jüdische Gemeinde erst wieder 1948 bemerkbar. Da wurde das zuvor lediglich als Trauerhalle genutzte Gebäude auf dem Friedhof in der Humboldtstraße nach einigen Umbauten zur Synagoge geweiht, als Ersatz für die Synagoge auf dem Großen Berlin, die beim Novemberpogrom 1938 zerstört worden war. Doch blieb die neue Synagoge zunächst unbenutzt, da die mindestens zehn Männer, die für einen jüdischen Gottesdienst notwendig sind, gar nicht vorhanden waren. Wohl auch, weil zu DDR-Zeiten die Jüdische Gemeinde Halle *lupenrein auf Parteilinie* (H. Bohley) gehalten wurde durch Karin Mylius, die sich 1968, unter Vorspiegelung einer angeblich jüdischen Herkunft, zur Gemeinde-Vorsitzenden hatte wählen lassen und dieses Amt mit staatlicher Hilfestellung bis fast zu ihrem Tod 1986 bekleidete. So war die Jüdische Gemeinde in Halle bis zur Wende auf nur sieben Mitglieder geschrumpft.

Heute hat sie wieder rund 500 Mitglieder, die meisten sind nach 1990 zugewanderte Juden und ihre Nachkommen aus der ehemaligen Sowjetunion. Seit 1996 gibt es noch eine zweite, liberal-jüdische Synagogengemeinde in Halle mit 300 Mitgliedern, die sich in Trotha trifft, doch ist sie bisher kaum ins Bewusstsein der Öffentlichkeit gedrungen. So galt das Attentat vom 9. Oktober 2019 der Synagoge in der stillen Humboldtstraße, die damit schlagartig ins grelle Licht der Weltöffentlichkeit geriet. Es war Jom Kippur und in der Synagoge hatten sich 52 Gläubige zur Feier dieses höchsten jüdischen Festtages versammelt, als 12 Uhr mittags der schwerbewaffnete rechtsextremistische Täter mit Schüssen, Molotowcocktails und Handgranaten versuchte, in die Synagoge einzudringen, um möglichst viele Juden zu töten. Er scheiterte daran, dass seine selbstgebauten Waffen teilweise versagten, vor allem aber scheiterte er an der Eingangstür zum Hof der Synagoge, eine dicke Eichentür, die den Schüssen des Täters standhielt. Frustriert erschoss er daraufhin eine zufällig vorbeikommende Passantin sowie einen jungen Mann in einem Dönerimbiss in der Wuchererstraße.

Die Tür, die das Attentat verhinderte, wurde später durch eine gleichaussehende, aber noch stabilere Tür ersetzt. Die ursprüngliche wurde als Mahnmal im Hof der Synagoge aufgestellt.

Edgar Koch mit Jochen Leibel (rechts), um 1946

Mahnmal im Hof der Jüdischen Gemeinde

VERFALL UND AUFBRUCH: 1945–1990

Am 19. April 1945 war für Halle der Zweite Weltkrieg definitiv zu Ende. Die Stadt ergab sich den Amerikanern. Die blieben nur kurz. Schon im Juni rückte die Rote Armee ein, auch ins Paulusviertel. Sofort liefen Beschwerden der Anwohner bei der Stadt ein, nach den Akten des Stadtarchivs beispielsweise am 11. Juni: Die Russen, heißt es da, würden mit ihren Wagen die Grünanlagen an der Pauluskirche zerstören. Da kann die Stadt leider gar nichts machen. Auch nichts dagegen, dass den Offizieren das noble Viertel ausnehmend gut gefällt und sie zahlreiche Häuser als Wohnungen für sich requirieren: in der Zeppelin- und Cecilienstraße etwa, die schönsten Häuser an der Hohenzollern-, Kronprinzen- und Viktoriastraße, die in der Kaiserstraße sowieso. Alle Betroffenen müssen innerhalb weniger Tage ihre Wohnungen freimachen. Das heißt, sie müssen zusehen, dass sie mit ihren dringendsten Alltagssachen entweder bei Verwandten oder Freunden unterkommen, oder sie rücken zusammen. Zum Beispiel die Familie des Rechtsanwalts Bernd Bennewitz, die in den Keller ihrer Villa Heinrich-Heine-Straße 6 zieht, wo sich die kleine Hausmannswohnung befindet. In den beiden Etagen darüber wohnen zwischenzeitlich bis zu 27 Offiziere mit ihren Soldaten, die nach Trinkgelagen gelegentlich auch kleine Schießübungen veranstalten. Spuren dessen waren noch viele Jahre danach am Haus sichtbar.

Auch dagegen kann die Stadt gar nichts machen, sie muss sich mit symbolischen Akten begnügen: etwa der Ausmerzung des Kaisertums in der Straßenbenennung. Gleich 1945 werden die Namen der Kaiser, Kaiserinnen und Generäle abgeschraubt und durch die liberaler Politiker, Philosophen und Künstler ersetzt: Die Kaiserstraße wird nun nach Willy-Lohmann benannt, einem hohen Schulbeamten, aus der Kurfürsten- wird die Feuerbachstraße, aus dem unteren Teil der Viktoria- die Maxim-Gorki-Straße. Sogar unser Freund Kuhnt muss dran glauben und Heinrich Zille weichen. Immerhin kam auch später niemand auf die Idee, eine der Straßen im Paulusviertel nach Ernst Thälmann, Wilhelm Pieck oder Stalin zu benennen. Lange blieb die Rote Armee nicht im Paulusviertel. Ab 1946

Eckhaus Ludwig-Wucher-/
Robert-Blum-Straße, um 1992

zog sie um in die Garnison am Rande der Heide, dort blieb sie bis zu ihrem Abzug aus dem wiedervereinten Deutschland 1991.

Gleichwohl blätterte der Charme des Viertels mit den Jahren ab. Viele Häuser, deren Besitzer im Westen waren, wurden von der kommunalen Gebäudewirtschaft nur treuhänderisch verwaltet und verwahrlosten. Zudem waren die Mieten so niedrig, dass man aus diesen Einnahmen nichts in die Häuser investieren konnte, ganz zu schweigen davon, dass es kaum Baumaterial gab. In den 60er Jahren wurden noch ein paar Plattenbauten in Baulücken der Rembrandt-, Fischer-von-Erlach- und Albert-Schweitzer-Straße gesetzt, auch die Lessingschule stammt aus dieser Zeit. Ansonsten war das einstige noble Kaiserviertel wie auch ein Großteil der halleschen Altstadt dem Verfall preisgegeben. Da waren viele froh, wenn ihnen eine komfortable Wohnung in den neuen Plattenbausiedlungen am Rande der Stadt angeboten wurde. Immer noch aber gab es genug Liebhaber des Paulusviertels, welche die ihnen zugesprochene Neubauwohnung als Faustpfand einsetzten, um sie gegen eine Wohnung in der Nähe des Rathenauplatzes einzutauschen.

Wenn zwei Trabanten sich treffen…
Schiller-/Ecke Carl-von-Ossietzky-Straße, um 1980

Sichtagitation an der Schillerschule
zu den Volkskammerwahlen 1950

Da die meisten Wohnungen relativ groß waren, mussten Alleinstehende und junge Familien ihre Wohnung in der Regel mit einer oder auch einer weiteren Mietpartei teilen. Zum Beispiel die Parterrewohnung in der Victor-Scheffel-Straße 11. Sie hatte viereinhalb Zimmer, die mit Kachelöfen beheizbar waren, eine Küche (ohne Ofen), eine Toilette sowie zusätzlich ein Bad mit Kohlebadeofen. Insgesamt waren das etwa 120 m² – das lag über dem zulässigen Wohnraum für die Kleinfamilie mit Kind, die 1982 bis 1985 dort wohnte. So war die Wohnung außerdem noch von einem alleinstehenden Mann, später einem Studentenpärchen bewohnt. Das hatte den Vorteil, dass man sich die Miete von insgesamt 100 Mark teilen konnte. Der Nachteil: Auch die Toilette musste man sich teilen. Notwendige Malerarbeiten und Reparaturen übernahmen die Bewohner meist selbst, bei größeren Schäden (wie etwa zu feuchte Zimmer) musste man geduldig anmahnen, um vielleicht in den Genuss einer finanziellen Unterstützung durch die Wohnungsverwaltung zu kommen.

Wie in den Anfangszeiten des Viertels gab es immer noch eine starke soziale Durchmischung. Im besagten Haus wohnten neben oder mit jungen Akademikern Angestellte, eine alleinstehende Lehrerin sowie ein älterer Milchautofahrer mit seiner Frau, die nicht berufstätig war. Entscheidend für das soziale Miteinander war – wie heute auch – der Hof. Dort gab es am Rande zwar ein paar der in der DDR seltenen Garagen, aber auch eine Grünfläche mit Sandkasten für die Kinder. Die Milchautofahrerfrau saß meist lesend oder strickend im Hof und übernahm nebenbei die Aufsicht über die Kleinen. Gelegentlich plauderte oder feierte man zusammen. So entstanden, wie in vielen anderen Lebensbereichen auch, gut funktionierende soziale Netzwerke, in denen man einander half und vertraute.

Ansonsten hatten die meisten kleinen Läden und Kneipen im Laufe der DDR-Jahre aufgegeben; die Häuserfassaden wurden vom Ruß der Kohlefeuerung immer schwärzer, Putz und Fassadenstuck bröckelten. Je offensichtlicher der Niedergang nicht nur des Paulusviertels, sondern der DDR insgesamt war, umso wichtiger wurde die Kirche. Nicht um der Religion

willen, sondern als Anlauf- und Sammelpunkt für all jene, die sich nicht in ihre private Nische zurückziehen, sondern etwas verändern wollten. In den 1970er und 80er Jahren zog es viele Bewohner zu den von der Paulusgemeinde organisierten Hauskreisen, Gemeindeseminaren und Formen der Jugendarbeit, in denen Themen diskutiert wurden, die in der DDR-Öffentlichkeit nicht oder kaum eine Rolle spielten. Aus diesem Geist formierte sich ein kritischer Bürgersinn, der im Herbst 1989 aus den Kirchen heraustrat in den öffentlichen Stadtraum und aus dem schließlich die Montagsdemos entstanden. Die Pauluskirche spielte in diesem Prozess eine wichtige Rolle.

Als am 11. Oktober 1989, einem Mittwoch, der Kirchengemeinderat zu seiner monatlichen Versammlung zusammentritt, scheint alles wie immer. Es geht um die Einführung eines neuen Pfarrers, um Sanierungsprobleme, das Spendenaufkommen und den Haushaltsplan – lauter Alltagsdinge also. Mitten in der Sitzung taucht plötzlich Pfarrer Schlademann von der Laurentiuskirche auf und überbringt die Bitte der DDR-weiten Bürgerinitiative Neues Forum, die Pauluskirche zu öffnen für eine große Versammlung, die unter dem Motto der Gewaltfreiheit stehen sollte. Denn das ist das zentrale Thema fast aller Gespräche zu dieser Zeit in Halle: Zwei Tage zuvor hatten ein paar Mutige vor der Marktkirche mit Kerzen unter einem Transparent gestanden, auf dem gewaltloser Widerstand und Reformen angemahnt worden waren. Sie waren von Sicherheitskräften in die Kirche gedrängt und andere sogar auf Lastwagen gestoßen und abtransportiert worden. Nun fürchtet das Neue Forum um die ohne Zweifel noch zahlreicheren Demonstranten am kommenden Montag und will diese Gefahr bannen, indem sie Verantwortliche und Bürger der Stadt zu einem Dialog in der Pauluskirche zusammenbringt.

Die Sache ist riskant. Trotzdem stimmen 13 der insgesamt 15 Gemeinderatsmitglieder für das Vorhaben. Die Machthabenden aber lehnen ab: Mit dem Neuen Forum verhandele man nicht. Die Organisatoren ändern daraufhin ihre Strategie: Erneut gehen Einladungen an die Verantwortlichen, dieses Mal nicht zu einer Veranstaltung mit dem Neuen Forum, sondern zu einer Bürgerversammlung. Die Antwort: Zwar werde man nicht in die Kirche kommen, aber der Oberbürgermeister sei bereit, eine Abordnung von 15 Bürgern der Stadt zu empfangen. Innerhalb einer Nacht gelingt es,

Bürgerwall-Demonstration
in der Ludwig-Wucherer-Straße, 28.1.1990

genug Hallenserinnen und Hallenser zu finden, die zwar nicht Mitglied des Neuen Forums, aber bereit sind, die Forderung nach Gewaltfreiheit den Mächtigen zu überbringen.

Über Aushänge in den Kirchgemeinden und durch Mundpropaganda spricht sich die vorgesehene Versammlung wie ein Lauffeuer in der Stadt herum. So sind am 15. Oktober etwa 2.000 Menschen in die Pauluskirche gekommen. Ein einziges Transparent hängt an der Empore: *Gewaltfreiheit für unsere Stadt.* Die 15 Vertreter werden vorgestellt und die vorbereitete Resolution mit insgesamt sieben Punkten von den Versammelten per Akklamation bestätigt. Es ist ein großer Moment, als die fünfzehn um 17 Uhr unter dem Beifall der Anwesenden aufbrechen zum Stadthaus. Dass man sich dort weigern wird, das 7-Punkte-Papier überhaupt entgegenzunehmen, spielt dann eigentlich keine Rolle mehr. Das Wichtigste war erreicht: Als am Montag, den 16. Oktober, Tausende Hallenser auf dem Marktplatz gegen den Machtapparat und für mehr Demokratie demonstrieren, halten sich die Sicherheitskräfte zurück. Es war die Haltung *selbstbewusster Bür-*

gerlichkeit (H. Bohley), die von der Versammlung in der Pauluskirche ausgegangen war und den Mächtigen Respekt einflößte.

Drei Wochen später bildet sich im Paulusviertel eine neue Bürgerinitiative, die erste in Halle überhaupt. Tatsächlich ist der Ormig-Abzug, mit dem sie an die Öffentlichkeit tritt, überschrieben mit *BÜRGER, ergreift die INITIATIVE!* In ihm artikuliert sich der Bürgersinn der Bewohner des Paulusviertels in exemplarischer Weise. Denn es ist nicht in erster Linie eine Kritik an Obrigkeit und Staat, sondern ein Aufruf an diejenigen, die hier wohnen: ihr Viertel zu retten, indem man selbst anpackt. Die Rede ist vom schlechten Zustand der Häuser und Wohnungen, von fehlenden Läden und Spielplätzen, vom Verkehr und mangelnder Begrünung sowie von der Unordnung auf Straßen und Höfen. Der Kernsatz lautet: *Wir wollen uns sachkundig machen und mit dazu beitragen, daß konkret in diesem Stadtviertel dringenden und drängenden Problemen Abhilfe geschaffen wird.*

Als Kontaktadresse ist Rita Müller, Victor-Scheffel-Straße 15 angegeben, eine junge Zahntechnikerin, die die ersten Aktionen der Bürgerinitiative koordiniert. Datiert ist dieser Aufruf auf den 9. November 1989, die Verfasser wissen noch nicht, dass am Abend die Mauer fallen und eine ganz andere Zukunft als die eben noch gedachte anbrechen wird. Das tut der Bereitschaft der Anwohner, Verantwortung für ihr Viertel zu übernehmen und selbst Hand anzulegen, keinen Abbruch. Weit über den Wendeherbst und -winter hinaus, bis zu ihrem Ende im Jahre 2016, wird die Bürgerinitiative die Bewohner für ihr Viertel mobilisieren und zum Motor des demokratischen Mittuns werden. Die erste große Aktion ist der *Bürgerwall für unsere Altstadt* am 28. Januar 1990, einem Sonntag. Mehr als 5.000 Men-

BUERGER, ergreift die INITIATIVE!

Hundert Jahre und weniger bestehen die Strassen und Haeuser des Paulusviertels. Schoene Haeuser und begruente Strassen wurden gebaut. Eine funktionierende Infrastruktur war vorhanden. Leider ist heute davon nur noch wenig zu sehen. Die Existenz des Paulusviertel als solches ist gefaehrdet. Undichte Daecher, leerstehende Haeuser, feuchte Wohnungen und Keller, abbroeckelnde Fassaden, unansehnliche Flure, Treppenhaeuser, fehlende Spielplaetze und Verkaufseinrichtungen, ueberalterte Vor- und Entsorgungleitungen, Smog durch veraltete Heizungstechnik und schlechte Kohlenqualitaet, eine Vielzahl an sozialen Problemen und andere unbenannte Probleme machen uns betroffen.
Warum aendert sich nichts, obwohl viele diese Probleme kennen und mit ihnen leben muessen? Verantwortliche muessen endlich zur Rechenschaft gezogen werden. Das ist jedoch zu wenig.

Wir, Bewohner des Paulusviertels, rufen zu einer BUERGERINITIATIVE des "Neuen Forum" auf. Wir wollen uns sachkundig machen und mit dazu beitragen, das konkret in diesem Stadtviertel dringenden und draengenden Problemen Abhilfe geschaffen wird.
Ueber folgende Problembereiche wollen wir ins Gespraech kommen und nach Loesungen suchen:

- -Zustand der Haeuser
- -leerstehende Wohnungen und deren Vergabe
- -Versorgung / Infrastruktur (z.B. uns genuegende Verkaufseinrichtungen und Dienstleistungen)
- -soziales Umfeld (Spielplaetze, Lebensbedingungen aelterer Buerger u.a.)
- -Verkehr (z.B. Geschwindigkeitsbegrenzung, Spielstrassen, Zustand von Fusswegen und Strassen)
- -Umweltbedingungen (z.B. Begruenung, Luftsituation, Sauberkeit der Strassen, Muellentsorgung)
- -Taetigkeit des Rates des Stadtbezirkes, der Abgeordneten und territorialer Betrebe (Einflussnahme, Kontrolle und Verantwortlichkeit dieser, Aufgabenverteilung, Demokratisierung)

Die Benennung der Problembereiche hat nicht den Anspruch auf Vollstaendigkeit. Weitere sind einzubringen.
Wer Interesse hat und mitarbeiten moechte, wendet sich bitte an folgende Kontaktadresse:

RITA MUELLER
V - SCHEFFEL - STRASSE 15

HALLE/Saale , den 9. Nov. 1989

Bürgerversammlung in der Pauluskirche, 15.10.1989

Erster Aufruf der Bürgerinitiative Paulusviertel, 9.11.1989

schen haben sich am Nachmittag rund um das Paulusviertel versammelt und bilden eine geschlossene Kette, stellen sich gleichsam schützend davor, mit Transparenten und Plakaten wie *Lasst der Kirche das Dorf – Paulusviertel muss überleben mit uns* oder *Intakte Häuser, saubere Umwelt, zufriedene Menschen!* Zu lesen ist auch: *Ein jeder kehre vor der Tür!* Mit diesem Vorschlag wird dann an einem späteren Samstag ernst gemacht, nachdem die Bürgerinitiative zum *Frühjahrsputz für unser Paulusviertel* aufgerufen hat: Schutt und Müll werden beseitigt, Grünanlagen angelegt, Vorgärten, Flure und Höfe entrümpelt, Straßen gekehrt.

Das alles klingt sehr nach Frauen. In der Tat haben Frauen dabei eine zentrale Rolle gespielt, nicht nur im Rahmen der Bürgerinitiative. Aus einer ihrer Arbeitsgruppen entsteht im März 1990 die Interessengemeinschaft für Frauen und Familie e. V., die in das verwahrloste Obergeschoss der Schleiermacherstraße 39 zieht und dort ein Zentrum der Begegnung, Bildung und Beratung für Frauen, ein Jahr später auch ein alternatives Geburtshaus einrichtet. Das wurde zwar 2015 geschlossen, doch aus der Interessengemeinschaft entstand das IRIS-Regenbogenzentrum, eine Beratungsstelle für Ehe, Familie und Erziehung.

Die ersten Aktionen der Bürgerinitiative kulminierten in einem großen Bürgerfest rund um die Pauluskirche am 26. und 27. Mai 1990. Alkohol wurde nicht angeboten, ansonsten war alles vertreten: Kinderspiele, Musik, Theater, Tanz, Basar, Flohmarkt … Und die größte Tafel der Stadt, mit Kaffee aus einer Gulaschkanone der Nationalen Volksarmee! Über allem lag die einzigartige Atmosphäre des Aufbruchs, die den Zusammenhalt und das Verantwortungsgefühl im Paulusviertel in besonderer Weise prägte. Alles schien möglich: *Wer, wenn nicht wir? Wann, wenn nicht gleich?*

Handzettel zum 3. Bürgerfest am 24.5.1992

3. BÜRGERFEST
RUND UM DIE PAULUSKIRCHE
19 92
Sonntag 24.5. Sonntag
10 – 18 Uhr
Es wird so gut, wie wieder alle mitmachen!
DIE BEWOHNER DES PAULUSVIERTELS UND IHRE GÄSTE FEIERN – NICHT NUR BEI SONNENSCHEIN!
DIE BÜRGERINITIATIVE PAULUSVIERTEL
LÄDT WIEDER EIN
ZUM "FEST DER BÜRGER FÜR DIE BÜRGER"
Programm:
Sonnabend, 23. Mai
ab 19 Uhr "Abend der Begegnung" im Paulusgemeinde Rob.-Blum-Str.
mit allen Freunden, Förderern und Mitwirkenden des Bürgerfestes
ab 21³⁰ Volksliedersingen an den Stufen
und LAMPIONUMZUG RUND UM DEN PAULUSBERG
Sonntag, 24. Mai
WIR FEIERN AUCH BEI SCHLECHTEM WETTER!
Die SAALKREIS-BIBLIOTHEK lädt ein:
- Buchverkauf
- Kaffee
ab 15 Uhr "SCHRIFTSTELLER ZUM ANFASSEN"
Lese-Café
Obst Gemüse, Getränke
ab 13 Uhr Die SCHULEN des Paulusviertels
- Volkstanz
- Singspiele
- Kaffee
u.a.
H.-Heine-Str.
Eis Café
Hähnchen
IMBISS
Rollerrennen
Info-Stände
"Sängerwiese"
WC
A.-Schweitzer-Str.
SOLAR-AUTO
Bücher
L.-Büchner-Str.
Kindergärten
Es spielen:
11⁰⁰ "Mullin Dhu"
11⁵⁰ "Antiqua"
12⁴⁰ "Catriona"
13³⁰ "Reel"
14²⁰ "Klavn's"
15⁰⁰ – 17⁰⁰ "Schwedenquell"
"Brummtopf"
"Divin Duck"
"Ackerfolk"
u.a.
Getränke Imbiss
11⁰⁰ SPIELMOBIL
Kinderschminkstand
"Clown Peter"
u.a.
"Leierkasten Wilhelm"
ab 11⁰⁰ "Marktfrau Regine"
"Sänger-wiese"
Café
Eis-verkauf
Kindergärten
Info-Stände: Senioren, Jugendamt u.a.
SOZIALE DIENSTE
In der Kirche:
10 Uhr Gottesdienst
AUSSTELLUNG der Künstler des Paulusviertels
17 Uhr Martin Stephan Orgelkonzert
18 Uhr Bläsermusik "brass collegium"
FOLK-GRUPPEN
.-Gorki-Str.
Humboldt-Str.
Bücher
Bücher
Paulustöpferei
"Greenhorn"
Pflanzen-Öko-Gruppen
Verkauf
11 Uhr Eröffnung Rockgruppe "Hot Stuff"
zum Fahrradies! 200 m
Rob.-Blum-Str.
Getränke, Suppe, Café
ab 11⁰⁰ "Hüpfburg"
Kindergärten
C.v.-Ossietzky-Str.
Töpferei Heise
Papierwaren
W.-Lohmann-Str.
WC
KINDERFEST auf dem Spielplatz
- Circus bombastico
- Puppenspieler Frieder Simon Horst Günther
Kinderschminken mit Clown Fume
Verkauf Kinderbücher u.a.
17⁰⁰ Rock zum Ausklang
Info-Stand Bezirksregierung
ab 15 Uhr "PICKNICK AUF DEM HASENBERG"
KUCHEN-SPENDEN WERDEN NOCH ERBE
WIR LADEN UNS GEGENSEI ZU KAFFEE UND KUCHEN EIN!
Jedermann ist eingeladen zum MITMACHEN!
Programmveränderungen und -erweiterungen sind jederzeit möglich!

ALLES BLEIBT ANDERS

Nach der Wiedervereinigung hatte sich die Sorge der Bürgerinitiative um den Erhalt des Viertels erledigt. Die Alteigentümer erhielten ihre Häuser zurück, der Rest war im Nu verkauft. Die große Sanierung begann. Die Bürgerinitiative jedoch hatte sich damit keineswegs erschöpft, ihr genius loci wehte noch lange durch das Paulusviertel. Denn je schöner die Häuser wurden, umso größer wurde auch die Angst vor allem der alteingesessenen Mieter mit schmaleren Einkünften vor nicht mehr bezahlbaren Mieten. Sie ging so weit, dass die Bürgerinitiative Anfang der 90er Jahre eine Eingabe zum Mietrecht an den Bundestag richtete. Mit dem Verweis auf vorhandenes Mietrecht wurde sie abschlägig beschieden. Doch die Bürger blieben wachsam. Unermüdlich wurde gestritten: 1994 gegen die Schließung des Postamtes; 1997 gegen die der Kinderbibliothek in der Lessingstraße; für mehr Vorgärten und Spielplätze; für eine Verkehrsberuhigung; für oder auch gegen Anwohner-Parkplätze; zuletzt gegen die Mobilfunkanlage auf dem Turm der Pauluskirche.

Der heftigste Kampf aber wurde 2012 bis 2015 um den „Wohnpark Paulusviertel“ geführt, das größte Bauvorhaben im Viertel seit den 90ern. Es ging um den Plan der Halleschen Wohnungsgesellschaft, das riesige Verwaltungsgebäude der einstigen Landwirtschaftskammer, das 1991–2004 als Regierungspräsidium genutzt worden war, nicht länger verfallen zu lassen, sondern umzubauen zu Wohnungen. Das ist mit viel Sinn für die historischen Besonderheiten des Baus geschehen. So wurden etwa in den riesigen Saal mehrgeschossige Wohnungen mit Galerieebene eingebaut, so dass die ursprüngliche Höhe des Saals erlebbar geblieben ist, auch die historische Holzdecke konnte so weitgehend erhalten werden. Nicht dies rief den Protest der Anwohner hervor, sondern der Plan, auf die zum Grundstück gehörige Grünfläche sechs mehrgeschossige Ergänzungsbauten zu setzen. Statt Neubauten wollten sie die Wiederbelebung des alten Parks. Sogar eine gesonderte Bürgerinitiative, Pro Pauluspark, hatten die Gegner gegründet und durch Klage 2013 immerhin einen vorübergehenden Baustopp erreicht. Letztlich gab es einen Kompromiss: Die ursprünglich geplanten 130 Wohnungen

Dreharbeiten in der Windthorststraße im Winter 1986

wurden abgespeckt auf 113 und der Grünflächenanteil von 13 auf 48 % erhöht. Die Bürgerinitiative Paulusviertel hatte dem Kompromiss frühzeitig zugestimmt. Vielleicht waren ihre Kräfte auch erschöpft durch die alljährliche Organisation des Bürgerfestes, das inzwischen nicht nur Tausende aus ganz Halle anzog, sondern zunehmend auch aus anderen Orten. Da der Platz um den Hasenberg irgendwann nicht mehr ausreichte, wurde es zum Schluss dezentralisiert und in die Höfe des Viertels verlegt. Das 25. Bürgerfest im Jahre 2014 verteilte sich auf insgesamt 47 Höfe. Es war zugleich das letzte überhaupt. Ein Jahr später starb Hanna Haupt, seit 1990 unermüdliche Vorsitzende der Bürgerinitiative, Theologin, Gefängnisseelsorgerin und Stadträtin für die SPD-Fraktion. 2017 wurde die Bürgerinitiative Paulusviertel aus dem Vereinsregister gestrichen. Mit dem neuen Wohnpark hat man sich inzwischen arrangiert. Immerhin hat er dem Paulusviertel den lange geforderten neuen großen Spielplatz unmittelbar am Rathenauplatz beschert.

Was ist übrig geblieben von der Geschichte des Viertels? Was ging verloren? Und wie lebt es sich heute hier?

Wohnpark Paulusviertel, 2020

Übrig geblieben ist die Architektur des Kaiserreichs und der Jahre danach. Schön wie niemals zuvor in seiner Geschichte glänzen die Fassaden des Paulusviertels, ein gründerzeitliches Prachtstück, fast eine Kulisse. Bereits 1991 hatte man nahezu den ganzen Stadtteil unter Denkmalschutz gestellt. Insgesamt 493 denkmalgeschützte Häuser listet das Landesamt für Denkmalpflege und Archäologie Sachsen-Anhalt 2020 hier auf. Das reicht für den Status eines Flächendenkmals, nur die Altstadt kann das noch für sich beanspruchen. Auch die Höfe dahinter, so sie nicht zu Parkplätzen umfunktioniert wurden, sind schöner denn je, grüne Lebensräume, wo man nun erst recht den Gartentisch hinrückt, sich trifft oder – das ist neu – einfach nur telefoniert. Die Kirche wirkt heute weniger trutzig, weil sie inzwischen eingewachsen ist ins Grün der hohen Bäume und damit näher am Alltag der Paulusviertel-Bewohner. Immer noch ein Ort des Glaubens natürlich, mit ihren vielfältigen Angeboten mehr denn je aber auch ein kulturelles Zentrum des ganzen Stadtteils. Hier können Kinder ein Instrument erlernen, man kann im Chor singen und Musik machen, es gibt Konzerte und Ausstellungen, vielfältige Gesprächsangebote und Arbeitskreise. Auch das Kirchengebäude wurde 1998 bis 2003 umfassend saniert, die ursprüngliche Innenausmalung wiederhergestellt. Nur die von der Kaiserin 1903 gestiftete Bibel liegt nicht mehr auf dem Altar, sie ist irgendwo im Archiv der Gemeinde gelandet, das Silber der Beschläge ist längst abgeblättert, darunter das pure Messing sichtbar geworden.

Und die Mieten? Derzeit (2021) beträgt die durchschnittliche Warmmiete pro Quadratmeter im Paulusviertel 10,61 Euro. Das ist ein Euro mehr als noch 2018, dennoch ist es keineswegs das teuerste

Saniertes Treppenhaus in der ehemaligen Landwirtschaftskammer, heute Pauluspark, 2020

Wohnviertel Halles. Und auch wenn es heute mehr kostet, hier zu wohnen: Von Gentrifizierung im Sinne der Verdrängung einer ursprünglich ärmeren Wohnbevölkerung durch eine einkommensstärkere kann im Falle Paulusviertel kaum die Rede sein, weil hier nie einkommensschwache Haushalte dominant waren. Die von Anfang an intendierte soziale Durchmischung des Viertels ist immer noch vorhanden, wenn auch in anderer Weise als zu Beginn seiner Geschichte. Spaziert man durch die Straßen, fällt auf, dass es vergleichsweise viel junge Leute gibt, häufig mit Kindern. Die Statistik bestätigt das: Nach einer 2017 durchgeführten Studie des Leibniz-Instituts ist das Paulusviertel mit durchschnittlich 37 Jahren der mit Abstand jüngste Stadtteil Halles. Vermutlich weil es hier vergleichsweise günstige Angebote für kleine Studentenwohnungen und WGs gibt. Er hat zudem die niedrigste Arbeitslosenquote und den geringsten Migranten-Anteil, Besonderheiten, die bis in die politischen Einstellungen der Bewohner durchschlagen. Bei den Landtagswahlen 2021 erhielt hier die AfD nur ganze 7%, Sieger waren die Grünen, die im Paulusviertel mit 27% die meisten Stimmen in der Stadt überhaupt bekamen.

Gemeinschaftsgarten.
Lessing-/Ecke Holly-Straße, 2021

Autofreie Willy-Lohmann-Straße
am 3. Oktober 2021

Vielleicht hat das auch ein bisschen mit der Parkplatzsituation zu tun, für die man sich vor allem von den Grünen Besserung erhofft. Denn weder Otto Lohausen, der Planer des Viertels, noch Friedrich Kuhnt, der Miterbauer, konnten Ende des 19. Jahrhunderts voraussehen, dass es eines Tages einmal raumgreifende Blechkisten als alltägliche private Fortbewegungsmittel geben würde. Die stehen nun da, Stoßstange an Stoßstange, straßauf und straßab. So ist es eng geworden im Viertel, selbst für anständige Radwege gibt es nicht genug Platz. Nach vielen Auseinandersetzungen um eine bessere Lösung ist die Parkplatzdiskussion mittlerweile weitgehend verstummt, die Anwohner wissen wohl: Man kann nicht alles haben, entweder Flächendenkmal oder mehr Parkplätze – beides zusammen geht nicht. Nur wenn es schneit, geht plötzlich viel: Der Autoverkehr rund um den Rathenauplatz wird gänzlich eingestellt und auch die hier parkenden Autos sind wie vom Erdboden verschwunden. Dann nämlich wird der Hasenberg, wie wohl schon um 1900, wieder zum Rodelberg, mit dem Unterschied, dass heute dabei unentwegt mit dem Handy fotografiert und gefilmt wird.

Sobald der Schnee getaut ist, beginnt der tägliche Kampf um einen Parkplatz von neuem. Die Studenten des Viertels nehmen deshalb lieber gleich ihr Rad, um in die Uni zu fahren. Doch statt Couleurs tragen sie heute Laptops in ihren Rucksäcken.

So ist die Architektur des Kaiserreichs gefüllt mit lauter Leben 2.0.

Nur die Faule Wietschke rumort immer noch irgendwo im Untergrund und sorgt dafür, dass Handwerkern und Trockenbauern die Arbeit nicht ausgeht im Paulusviertel.

Kreidezeichnung in einem Hof, 2021

Pauluskirche auf dem Hasenberg im Winter 2020

Alte und neue Straßennamen im Paulusviertel

Bismarckstraße – Carl-von-Ossietzky-Straße
Blumenthalstraße – Adolf-von-Harnack-Straße
Bülowstraße – Heinrich-Zille-Straße
Cecilienstraße – Herweghstraße
Goebenstraße – Windthorststraße
Hohenzollernstraße – Robert-Blum-Straße
Kaiserplatz – Rathenauplatz
Kaiserstraße – Willy-Lohmann-Straße
Kronprinzenstraße – Schleiermacherstraße
Kuhntstraße – Heinrich-Zille-Straße
Kurfürstenstraße – Feuerbachstraße
Litzmannstraße – Hans-Thoma-Straße
Lodystraße – Albrecht-Dürer-Straße
Ludendorffstraße – Rembrandtstraße
Moltkestraße/Seydlitzstraße –
Fischer-von-Erlach-Straße
Paulusstraße – Heinrich-Heine-Straße
Roonstraße – Schopenhauerstraße
Seydlitzstraße – Fischer-von-Erlach-Straße
Scharnhorststraße – Ludwig-Büchner-Straße
Victoriaplatz – Thomas-Müntzer-Platz
Victoriastraße –
Maxim-Gorki-Straße und Humboldtstraße
Yorkstraße – Hegelstraße
Zeppelinstraße – Albert-Schweitzer-Straße

Literatur und Quellen (Auswahl):

100 Jahre Pauluskirche. Hrsg. Evangelische Paulusgemeinde. Halle 2003.

Anfänge der Bürgerinitiative 9. November 1989 bis 28. Juni 1990. Hrsg. Bürgerintitiative Paulusviertel e.V. (unveröff. 2009).

Architektur in Halle: Ein ganzes Viertel auf dem Reißbrett. Hallesche Immobilien, Immobilienzeitung für Halle und den Saalekreis. 62. Ausg.: April 2017. www.hallesche-immobilien-zeitung.de (26.10.2021).

Architektur in Halle: Heinrich Faller. Ebd., 17. Januar 2020.

Bericht der halleschen Guttempler (unveröff. 1931), Akte A2. 36 Nr. 531 Bd. 1 (Stadtarchiv Halle).

Die halleschen Kaisertage in Wort und Bild. Erinnerungsblätter an den 5. und 6. September 1903. Hg. von der Halleschen Zeitung, 1903 (Stadtarchiv Halle).

Die Pauluskirche. Episoden über ein Gotteshaus in Halle. Phonix Verlag Halle 2012.

Dolgner, Dieter: Der Rathenauplatz. In: Historische Plätze der Stadt Halle an der Saale. Hrsg. Verein für hallische Stadtgeschichte in Verbindung mit Andrea Dolgner. Halle 2007.

Dolgner, Dieter: Villenarchitektur in Halle an der Saale. In: Historische Villen der Stadt Halle/Saale. Hg. von Dieter Dolgner in Zusammenarbeit mit Angela Dolgner. Halle/Saale 1998.

Ein Bürgerwall für unser Paulusviertel. Anfänge der Bürgerinitiative 9. November 1989 bis 28. Juni 1990. Hrsg. Bürgerinitiative Paulusviertel e.V. (unveröff.)

Franke, U./ Bohley, H./ Werkentin, F.: Verhängnisvoll verstrickt. Richard Hesse und Leo Hirsch – zwei jüdische Funktionäre und ihre Lebenswege in zwei Diktaturen. Edition Zeit-Geschichte(n) Band 5, Halle 2014.

Grashoff, Udo: Keine Gewalt!: Der revolutionäre Herbst 1989 in Halle an der Saale. Chronologische Darstellung, Dokumente und Interviews, Hrsg. Verein Zeit-Geschichte(n) Halle 2004.

Halle und die Moderne. Hrsg. Stadt Halle (Saale) 2018. www.moderne-halle.de (26.10. 2021).

Hauser, Andrea: Halle wird Großstadt: Stadtplanung, Großstadtleben und Raumerfahrung in der Stadt Halle a. d. Saale 1870-1914. Halle a. d. Saale 2006.

Hundertundein Stolperstein in Halle an der Saale. Hrsg. Verein Zeit-Geschichte(n) Halle 2007.

Jacob, Ralf: Die Geschichte des Verwaltungsgebäudes Willy-Lohmann-Straße. 7. Jahrbuch f. hallische Stadtgeschichte. Halle 2018.

Jacob, Ralf: Mit dem Luftschiff über Halle und Umgebung. Die Fahrt des LZ 17 „Sachsen“ am 14. September 1913. Halle (Saale) 2000.

Karnau, Oliver: H. J. Stübben: Städtebau 1876–1930. Braunschweig 1996.

Kowalski, Sandra: Bürgerliche Segregation und Stadtplanung – die Entstehung des Paulusviertels. In: W. Freitag/Katrin Minner/Andres Ranft (Hg.): Geschichte der Stadt Halle. Bd. 2: Halle im 19. und 20. Jahrhundert. Halle 2006.

Krause, Haje-Jann: Kallmeyer & Facilides. Eine Architektengemeinschaft im Kontext ihrer Entwicklung von konservativen Gestaltungstendenzen zur Baukunst der Moderne. Diss. Bauhaus-Universität Weimar 2011.

Liste der Kulturdenkmale in Halle (Saale) / Paulusviertel. (15.04.2020).

Löffler, Andreas/Quick, Jessica: Das Stadtteilbuch. Halle (Saale).Mitteldeutsches Druck- und Verlagshaus 2013.

Mikolajczyk, Steffen: Eine aufstrebende Industriestadt huldigt der Monarchie: Der Kaiserbesuch 1903. In: Werner Freitag/Katrin Minner/Andreas Ranft (Hg.): Vergnügen und Inszenierung. Stationen städtischer Festkultur in Halle. Halle 2006, S. 206 ff.

Rive, Richard Robert: Lebenserinnerungen eines deutschen Oberbürgermeisters. Halle 1960.

Scherer, Erich: Friedrich Kuhnt. Sachsen-weimarischer Kommerzienrat. Aufstieg und Lebensleistung eines Hallensers in wilhelminischer Zeit. Halle 2006.

Stadt-Plan von Halle/a./S. Nachdruck aus der Sammlung des Stadtarchivs Halle.

Stille Helden aus Halle – Ernestine und Edgar Koch. Hrsg Zeit-Geschichte(n) e. V., Edition Zeit-Geschichte(n) Band 6, 2018.

von Schultze-Galléra, Sigmar: Topographie oder Häuser- und Straßen-Geschichte der Stadt Halle a. d. Saale. Zweiter Band, 2. Hälfte. Halle a. S. 1923.

Watermann, Daniel: Bürgerliche Netzwerke. Städtisches Vereinswesen als soziale Struktur – Halle im Deutschen Kaiserreich. Göttingen 2017.

Website der Jüdischen Gemeinde: (15.04. 2020)

Winkelmann, Volkhard und Schülerprojekt „Juden in Halle" des Südstadt-Gymnasiums Halle (Hrsg.): Unser Gedenkbuch für die Toten des Holocaust in Halle, www.gym-suedstadt.bildung-lsa.de/gedenkbuch (17.05.2020)

Witte, Leopold: Das Leben Friedrich August Gotttreu Tholuck's. Bielefeld 1884 und 1886.

Abbildungsnachweis:

Stadtarchiv Halle: Titel, 4, 6, 7, 8, 9, 10 11, 12, 15, 16, 17, 21, 22, 24, 27, 28, 38, 39 40, 44, 49, 54, 57, 60, 65, 66, 70, 71, 75, 76, 78, 80, 83, 84, 87, 89, 92, 96, 108, 110, 111
Archiv Bernd Mutschke: Titel, 4, 25, 26, 29, 30, 33, 34, 38, 39, 40, 42, 63, 72, 75, 85, 86, 97, 100
Archiv Hasenverlag: 56, 58, 69, 73, 74, 94, 95, 107
Christophe Hahn: 31, 32, 51, 64, 88, 122, 123, 124
Verein Zeit-geschichte(n): 102, 105, 106
Paulusgemeinde: 37, 42, 50, 112, 115, 116
Walter Kolb: 90, 98
Peter Eichler/Fuchshuber Architekten: 120, 121
Eva Scherf: 46, 53
Jenny Sturm: 125
Fleischmanufaktur Dietzel: 91
Andreas Splett: 114
Anna-Carolin Freydank: 93
Kunstmuseum Moritzburg: 18
Universitätsarchiv Halle: 104
André Gessner: 118

Dank an:

Elke Dickmann-Löffler, Constanze Dietzel-Malorny, Dieter Dolgner, Detlef Feige, Anna-Carolin Freydank, Cordula Günther, Detlev Haupt, Anna-Elisabeth Hintzsche, Cornelia Hofmann (Tierheim), Peter Klaus, Karl Walter Kolb, Ingrid Krohn, Anna Kupke (Verein Zeitgeschichte(n), Bernd Mutschke, Heidi Ritter sowie Ralf Jacob und Bettina Glatzer vom Stadtarchiv Halle.

Haustürschild Goethestraße, 2021

IMPRESSUM

Herausgeber:
Peter Gerlach und Moritz Götze

Text:
Eva Scherf

Bildredaktion:
Eva Scherf und Christophe Hahn

Gestaltung und Realisation:
Christophe Hahn, Druckwerk
06114 Halle-Giebichenstein, Große Gosenstraße 15

Umschlagabbildungen:
Das Paulusviertel aus dem Zeppelin-Luftschiff „Sachsen“ am 14. September 1913.
Foto: Paul Rabe

2. Auflage 2024

HASENVERLAG GmbH
Gabelsbergerstraße 5 · 06114 Halle (Saale)
E-Mail: hasenverlag@web.de
www.hasenverlag.de

ISBN: 978-3-945377-80-2

Die Deutsche Nationalbibliothek verzeichnet diese Publikation in der Deutschen Nationalbibliografie; detaillierte bibliografische Daten sind im Internet unter: http://dnb.d-nb.de abrufbar.

Mit herzlichen Grüßen...
Schillerstraße, 1906